Henrik Kontredi ist Journalist, Autor und Sozialwissenschaftler. Er lebt zwischen Amsterdam und Wien und zwischen Zürich und Berlin. Harmoniemensch und Naturliebhaber – so würde sich Kontredi wohl selbst beschreiben. In seinem mittleren Alter hat er begonnen, sich für Meditation und Achtsamkeit zu begeistern. Er braucht Stille und die Weite der Landschaft, um nachzudenken und zu atmen. Großraumbüros sind eher nicht sein Ding.

Auf seinen ausgedehnten Spaziergängen und bei einer Tasse Tee im gemütlichen Studierzimmer ist er nach und nach zu der Erkenntnis gelangt, dass er weniger die Probleme beschreiben und bewundern will, sondern lieber nach Lösungen suchen möchte, die in uns verborgen liegen. Er richtet seinen Blick bewusst auf Menschen und Momente, die uns konstruktiv und wertschätzend neuen Mut machen. Das gelingt ihm zunehmend besser.

Henrik Kontredi

BLÖDE
BOSSE

Komm klar mit den
Schwächen der Führungskräfte
und den Zumutungen auf dem Chefsessel!

Bibliografische Information
der Deutschen Nationalbibliothek:
Die Deutsche Nationalbibliothek verzeichnet diese
Publikation in der Deutschen Nationalbibliografie;
detaillierte bibliografische Daten sind im Internet über
http://dnb.dnb.de abrufbar.

Herstellung und Verlag:
BoD – Books on Demand, Norderstedt

ISBN: 9783754344354

Für meinen guten Chef

R.I.P.

Inhalt

Vorwort 9

Der wichtigste Schlussgedanke gleich zu Beginn 11

Erste Einblicke 14

1. In der Kampfarena der Inkompetenz 19

   1.1 Das Drama nimmt seinen Lauf 19

   1.2 Welchen Boss hätten Sie denn gerne? 25

   1.3 Die Crashkurs-Führungsexpert:innen 31

2. Schlimmer geht immer – Die Boss-Typen des
Grauens 38

   2.1 Der Tyrannosaurus-von-Köpenick-Komplex 38

   2.2 Die Pseudokumpel-Duzer 44

   2.3 Die Mein-Freund-das-Chefchen-Enttäuschung .. 50

   2.4 Die Neue-Besen-Zumutung 58

   2.5 Die Busenfreundin-Stalkerin 63

3. Der Schein trügt – Vorsicht vor den Fallen der
Bosse 71

   3.1 Die Klönen-Klüngel-Kontroverse 71

   3.2 Das Neusprech-Dilemma 77

   3.3 Die Zuckerguss-Verschleierung 81

   3.4 Die Zöglinge-und-Lakaien-Falle 88

4. Held:innen der Arbeit – Unerschrocken und ungehorsam 94

   4.1 Die Horrorfilm-Konstante 94

   4.2 Die Bond-Picard-Challenge 100

5. Mythen der Arbeitswelt – Wie uns die Bosse für blöd verkaufen 107

   5.1 Die Werte-Verballhornung 107

   5.2 Die Kaninchen-aus-dem-Hut-Nummer 115

   5.3 Die Familienunternehmens-Farce 121

   5.4 Die Auserwählten-Prophezeiung 126

6. Ticks, Störungen und Marotten – So dysfunktional sind Bosse 132

   6.1 Die Schwinger-Gegenschwinger-Verwirrung .. 132

   6.2 Die Mikromanagement-Malaise 137

   6.3 Die Aufräum-und-Ordnungs-Disharmonie 145

7. Wie es trotzdem mit uns klappen könnte 154

   7.1 Der pädagogische Ansatz – Ist ja wie im Kindergarten 157

   7.2 Reflektieren lernen – Wie wir die Metaebene betreten 162

   7.3 Vorsicht vor dem Horn-Effekt 169

   7.4 Oder wir machen es einfach so wie Lincoln ... 178

8. Zu guter Letzt 182

Literatur- und Medienverzeichnis 184

Vorwort

Bosse gehören zu den größten Plagen unserer Zeit. Was müssen es für traumhafte Zustände gewesen sein, als der Mensch in Ruhe seiner Arbeit nachgehen durfte, ohne dabei von der Chefin und dem Chef gegängelt, bevormundet und drangsaliert zu werden? Die Ur-Menschen haben stress- und frustfrei vor sich hin gejagt und gesammelt.

Andererseits – ganz so stressfrei war es wohl auch vor Zehntausenden von Jahren nicht. Es drohten Hungertod, angriffslustige Säbelzahntiger und viele andere Gefahren. Immer noch besser, als jeden Tag mit dem verhassten Boss auskommen zu müssen, mögen Sie als leidgeprüfte Mitarbeitende nun denken. In den ganz frühen Zeiten gab es auch noch keine Organisationshierarchien und erst recht keine Workflow-Optimierer für eine bessere Prozesseffizienz in der B2B-Customer-Experience. Verschont blieben die prähistorischen Menschen zudem vor Erfindungen und vermeintlichen Errungenschaften wie Großraumbüros und Callcentern. Doch irgendwann war es dann vorbei mit der selbstbestimmten Berufsausübung. Das kooperative Jobmodell, in dem jeder Mensch ein Gleicher unter Gleichen war, hatte ausgedient. Einzelne gewannen eine immer größere Machtfülle. Der Homo praesidens betrat die Bühne unserer Arbeitswelt.

Mit großen Schritten jagen die Vorgesetzten hoch aufs Podest und sagen seitdem an, wo es langgeht. Meist glauben sie ganz fest daran, einer historischen Bestimmung zu folgen und die große Mehrheit mit der Gewalt ihrer Weisungsbefugnis führen und anleiten zu dürfen. Wir, die Untergebenen, fügen uns in unsere Rolle und wir dienen und kuschen. Einfach so. Warum eigentlich? Und wie lange noch?

Der wichtigste Schlussgedanke gleich zu Beginn

Zu Recht mögen Sie sich fragen: Warum soll ich mir das antun – die grausigen Erinnerungen eines Frustrierten lesen, der überall aneckt, nirgendwo so richtig klarkommt und jetzt auf Rachefeldzug alle seine Ex-Bosse in die Pfanne haut? Warum sollte ich mich von so jemandem ständig an mein eigenes Elend erinnern lassen; nur für ein paar gutgemeinte Ratschläge und Binsenweisheiten?

Keine Sorge, ich werde Ihnen sicher nicht sagen, was sie tun sollen. Das überlasse ich Ihrem Boss. Gerne verrate ich Ihnen aber, wie es bei mir war und wie ich versuchte habe, besser klarzukommen. „Komm klar mit den Schwächen der Führungskräfte und den Zumutungen auf dem Chefsessel!" So lautet der Untertitel unseres Buchs, der nicht unbedingt als Aufforderung zu verstehen ist, sondern mehr als eine Einladung für ein besseres Miteinander.

Zugegeben, meine Erlebnisse sind sehr subjektiv. Die Subjektivität sei die Wahrheit, sagte der dänische Philosoph Søren Kierkegaard. Ob es wahr ist, dass blöde Bosse in der Arbeitswelt die Regel sind oder doch die unrühmliche Ausnahme, das weiß ich nicht. Zumindest kann ich aus meiner Sicht behaupten, auf überraschend viele dieser vermeintlichen Ausnahmen getroffen zu sein.

Objektiv ist die Blödheit der Bosse sowieso nicht bestimmbar. Ob ihr Verhalten angemessen erscheint, hängt vom Kontext ab. So kann eine Situation am Arbeitsplatz, die für die einen genau passt, für andere eine Zumutung darstellen. Der Kommunikationspsychologe Schulz von Thun

(1998) weist auf die Unterschiede einer situationsgerechten Kommunikation hin. Jedes Team und jede Gruppe entwickeln demnach ihre ganz eigenen Vorstellungen davon, welches Verhalten in bestimmten Situationen angemessen ist. Befremdlich werde es dann, wenn die jeweiligen Vorstellungen divergieren (1998, S. 358 ff.). Zwischen mir und meinen Bossen war die Divergenz eigentlich immer gewaltig. Da drängt sich doch die Frage auf, wie es gelingt, die Kluft zu überwinden.

Die folgende Erklärung sollte eigentlich der Schluss des Buches werden. Exklusiv dürfen Sie das Ende nun schon zu Beginn lesen.

Die Arbeit an dem Buch hat mir gezeigt, dass aus dem Frust, den uns blöde Bosse bescheren und den Sie beim Lesen sicherlich nachempfinden, auch etwas wachsen kann. Das Ergebnis aus diesem Wachstumsprozess ist größer und wiegt die Summe der Ärgernisse im Berufsalltag weit auf. Die bewusste Auseinandersetzung mit den schwierigen Erfahrungen haben mir die Kraft gegeben, das Blöde-Bosse-Buch zu Ende zu bringen. Es war für mich wie eine Reise. Auf den einzelnen Etappen habe ich versucht, mich Stück für Stück und Kapitel für Kapitel aus der Opferrolle zu befreien. Allmählich dämmerte es und mir wurde klar, dass es mit der Problembeschreibung allein nicht getan ist. Lösungen müssen her.

Der wichtigste Gedanke, der am Schluss mein Buch zusammenfasst, lautet deshalb:

Ich komme mit den Schwächen der Führungskräfte besser klar.

Ich wünsche Ihnen, dass Sie Ihren eigenen Weg finden. Dass Sie erkennen, was für Sie passt, in welchen Situationen Sie an Grenzen stoßen und was Sie ändern wollen.

Alles Gute für Ihre berufliche und private Zukunft.

Erste Einblicke

Mir kommt es so vor, als werde es in unserer Arbeitswelt nicht nur geduldet, dass sich Bosse schlecht benehmen. Ich glaube, es wird sogar von ihnen erwartet. Die Autovervollständigung bei Google schlägt mir Folgendes vor, wenn ich im Suchfenster „Chefs sind" eingebe:

„Chefs sind oft Psychopathen",

„Chefs sind Mitarbeiter egal",

„Sind Chefs Narzissten",

„Chefs sind gefährlich"

sowie die etwas versöhnlichere Variante „Chefs sind auch nur Menschen".

Wie viel Mensch steckt noch im Boss? Mit wie viel Inkompetenz, Psychoshow und Marotten müssen und wollen wir klarkommen? Die Bosse prägten mein Erwerbsleben. In den vergangenen gut zwei Jahrzehnten hat die Arbeit mit all ihren Höhen und vielen Tiefen bei mir entsprechende Spuren hinterlassen. In dieser Zeit habe ich viel mehr Einblicke in die Arbeitswelten des Grauens erhalten, als mir lieb gewesen wäre. Erlebnisse mit sogenannten Führungskräften haben sich als tiefe Furchen in meine Erinnerungen eingegraben. Die blöden Bosse sind meinen Erfahrungen zufolge ein Universalproblem, mit dem viele Menschen zu kämpfen haben. Wobei „blöd" von seinem Wortsinn her nicht nur als dumm und geistlos zu verstehen ist, sondern darüber hinaus als ziemlich unangenehm, grenzüberschreitend und bedrückend.

Die kleinere Gruppe der Bosse knechtet und drangsaliert die große Mehrheit der Menschen. Die fiesen Exemplare dieser Gattung sind im Konzern genauso zu erleben wie in der kleinsten Klitsche. Es gibt sie in Behörden und in Verlagen oder im handwerklichen Familienbetrieb. Für eine Reihe von Firmen und Organisationen stand ich in den vergangenen Jahren schon in Diensten und beglückte meine Auftrags- und Arbeitgebenden in den Bereichen Journalismus, Public Relations und Marketing. Meine Freude über die Tätigkeiten währte leider meist nur kurz.

Aufklärung, Demokratie und Gleichberechtigung? Wie viel gelten die Errungenschaften unserer modernen Gesellschaft in dem nicht ganz unwichtigen Lebensbereich der Arbeitswelten? Wird die Macht der Bosse zu einer Übermacht, dann führt dieses Missverhältnis die Mitarbeitenden in die Ohnmacht. Wachen wir gemeinsam auf und kämpfen an gegen diese lähmende Dysfunktionalität! Lange genug haben wir die Ungerechtigkeiten stillschweigend hinuntergeschluckt und uns von den Chefinnen und Chefs so manches bieten lassen. Es ist an der Zeit, uns der eigenen Wehrhaftigkeit bewusst zu werden.

Dem Buch von den blöden Bossen liegt eine Sammlung unterschiedlichster Episoden aus meinem Arbeitsleben zugrunde. Die ersten Texte habe ich damals eigentlich nur geschrieben, um meinen Frust abzubauen und das Geschehene zu verarbeiten. Es kamen dann immer neue Aspekte hinzu und der Umfang der Erzählungen stieg an. Als ich mich schließlich aufgemacht habe, das Buch fertig zu schreiben, hoffte ich wirklich sehr, dass keine meiner ehemaligen Führungskräfte, mit denen ich die leidvollen Erfahrungen gemacht hatte, noch schnell auf die Idee kommt, ein Buch mit dem Titel „Blöde Mitarbeitende" zu veröffentlichen, in dem ich eine Hauptrolle spielen darf. Wahrscheinlich hätte ich es sogar verdient. Aber Pech, da war ich wohl schneller.

Gerne nehme ich Sie mit auf eine kleine Reise in meine berufliche Vergangenheit und stelle Ihnen das Gruselkabinett der Ex-Bosse vor. Um die Auswahl des Schreckens zu ergänzen, habe ich darüber hinaus die besonders fürchterlichen Exemplare dieser Gattung aus meinem Bekanntenkreis zusammenzutragen. Bei den Leserinnen und Lesern kann die eine oder andere Beschreibung womöglich schlimme Erinnerungen hervorrufen. Aber seien Sie unbesorgt! Ich lasse Sie mit den Launen, Ticks und Unverfrorenheiten der Bosse nicht allein. Wir suchen Lösungen und Strategien, die helfen sollen, damit wir uns endlich angemessen verteidigen können.

Unser Buch von den blöden Bossen ist ein Plädoyer für mehr Selbstbewusstsein im Beruf, eine Aufforderung zum genauen Hinschauen und zum Setzen von Grenzen, eine Anleitung für eine andere Haltung und hoffentlich eine Inspiration zum Umdenken im Arbeitsalltag. Vielleicht hilft es auch, den Kummer der Betroffenen ein wenig zu lindern.

Wenn es dazu beiträgt, ein paar Lösungsansätze für ein besseres Miteinander in die Organisationen der Wirtschaft und Verwaltung zu tragen, dann wäre das schon viel mehr, als ich ganz zu Beginn von meinem Buch erwarten durfte.

Alle Geschichten in diesem Buch haben sich auf die geschilderte Weise oder zumindest so ähnlich ereignet. Manche Geschehnisse habe ich allerdings verändert und an manchen Stellen umgeschrieben, damit aus Rücksicht auf die Beteiligten keine Rückschlüsse auf deren tatsächliche Identitäten mehr möglich sind. Die Charaktere gibt es wirklich. Nur ihre Namen sind frei erfunden.

1. In der Kampfarena der Inkompetenz

Martialische Ausdrücke sind nicht schön. In der Sportberichterstattung war es lange Zeit üblich, kriegerische Begriffe zu verwenden. Das infantil und harmlos anmutende Spiel wurde zur Schlacht hochstilisiert, wahlweise auch als Ballgefecht oder Gemetzel bezeichnet. Heute ist solch eine Wortwahl unter Sportjournalist:innen verpönt. Kann die Kriegsrhetorik für andere Bereiche angemessen und notwendig sein? Wenn wir an die Arbeitswelt denken, welche Assoziationen liegen uns da auf der Zunge? Kampf, Schlachtfeld, Psychokrieg, Terror – lassen Sie uns doch mit dem Bild vom „Drama" beginnen!

1.1 Das Drama nimmt seinen Lauf

Das Elend bahnt sich früh im Leben an. Eltern sprechen Machtworte und erteilen Verbote. Die Erziehungskräfte im Kindergarten geben genaueste Bastelanweisungen. Dann die Schulzeit, ein einziger Schwall der Appelle, Gebote, Regeln und Kodizes, dargeboten von einer Autorität, deren pädagogische und mitmenschliche Fähigkeiten in einem langen Schulleben regelmäßig Grund für Zweifel bieten. Wer gedacht hat, nach der Schule wird es vielleicht besser, merkt dann recht schnell: In Ausbildung und Beruf ist die Leidenszeit der Befehlsempfängnis wohl immer noch nicht ausgestanden. Im Gegenteil. Jetzt gewinnt das Drama erst so richtig an Fahrt.

Obrigkeit drangsaliert Untergebene. Ein Prinzip, das unserer Wirtschaft und der Verwaltung trotz manch gegenteiliger Beteuerung immer noch zugrunde liegt. Kaum eine Organisation kommt ohne Hierarchiestruktur aus. Die Oberen stehen da wie im altrömischen Streitwagen, halten die Zügel in der Hand und bestimmen, wo es langgeht. Wir lassen uns wie die eingespannten Gäule im Kreis herum hetzen. Runde für Runde immer schneller und schneller in dem langen Wettlauf des Arbeitslebens. Ob es die Pferde bei den Römern damals besser hatten als die Wagenlenker, darf indes bezweifelt werden. Die Fahrer waren meistens Sklaven. Allesamt Gefangene in dem perfiden Drama, das sich Zirkus nannte.

Wie kriegen wir nun die Kurve zu den Wagenlenkern der Neuzeit? Im Arbeitszirkus der modernen Welt stehen die wenigen, die die Kommandos geben und die Aufführung verantworten, über den vielen, die die Anweisungen befolgen dürfen. Alle haben im Grunde genommen dieselbe Richtung im Blick. Gemeinsam wollen sie in ihrem Streitwagen die Ziellinie erreichen. Dabei den Streitwagen unfallfrei zu fahren und zu ziehen, das war schon im alten Rom keine besonders einfache Tätigkeit. Mühelos und leicht gehen uns auch heutzutage die Aufgaben nicht von der Hand in dem großen Zirkus, den wir „Job", „Beruf" oder „Arbeitsplatz" nennen. Je angespannter die Wagenlenker ihre hetzenden Pferde um den Parcours jagen, desto schwieriger wird es. Wobei die Art und Weise, nach der die Führungskräfte ihr Rennen bestreiten, die Zügel halten und ihre Pferde behandeln, durchaus unterschiedlich sein kann.

Bei meiner langjährigen Beobachtung der Spezies Boss ist mir die offensichtliche Tatsache nicht verborgen geblieben, dass Führungskräfte quasi unvergleichlich sind, weil sie jeweils auf eine ganz individuelle Weise ticken. Alle spinnen auf ihre eigene Art. Menschen sind vielschichtig. Systeme sind komplex und die im Beruf zu lösenden Probleme entsprechend diffizil. Umso schwieriger erscheint es, allgemeingültige Boss-Typen zu charakterisieren. Versuchen wollen wir es natürlich trotzdem. Viele Vordenkende haben sich mit dem Thema bereits auseinandergesetzt und übergeordnete Kategorien gefunden, die uns eine Einordnung der Subtypen ermöglicht. Gewagt ist es durchaus. Auf den Chef:innen-Etagen finden sich schließlich nicht nur die Reinformen, sondern zudem viele Mischwesen, die unterschiedliche Anteile in sich tragen. Ich gehe davon aus, dass Sie in Ihrem Erwerbsleben schon dem einen oder anderen dieser Wesen begegnet sind.

Generell hat sich gezeigt: Es ist durchaus sinnvoll zu wissen, welcher Typus in unserer Anstalt das Sagen hat. Kenne ich das Übel und dessen Marotten, dann kann ich auch entsprechend handeln. Frühzeitig die Warnhinweise zu deuten, das ist für die berufliche Situation manchmal überlebenswichtig. Alle brauchen ihre eigene Strategie, um mit den Führungskräften so gut wie möglich auszukommen. Miteinander auskommen – davon kann im echten Berufsleben oft nicht die Rede sein. Leider ist häufig das Gegenteil zu beobachten. Vorgesetzte und Geführte arbeiten nicht Hand in Hand, sondern es sprechen sinnbildlich die Fäuste. Statt in der Gruppe zu kooperieren, herrscht ein Hauen und

Stechen. Muss das eigentlich sein? Ist die Arbeit nicht schon schwierig genug?

Führungsschwäche. Als ich mich umhörte und zu dem Thema mit den Recherchen begann, fiel mir recht schnell auf, dass die arbeitende Bevölkerung teils ganz erheblich unter der Führungsschwäche, dem Charakter und den Fehlern ihrer Vorgesetzten leidet.

Dabei hadern viele Führungskräfte mit sich selbst und mit ihrer Rolle. Wie die *Bertelsmann-Stiftung* in Zusammenarbeit mit dem *Reinhard-Mohn-Institut für Unternehmensführung* an der Universität Witten/Herdecke im „Führungskräfte-Radar 2019" herausgefunden hat, stecke jede dritte Führungskraft in Deutschland in einer Identitätskrise. Hohe Belastung und Verunsicherung führen demnach zu einem Demotivationseffekt bei Führenden und Geführten gleichermaßen.

Mobbing. Gleichzeitig bleibt Mobbing ein großes Problem. Psychologin und Soziologin Christa Kolodej gilt als österreichische Pionierin der Mobbingforschung. Sie unterscheidet in ihrem Selbsthilfe-Ratgeber (2018) explizit zwischen Mobbing, Bossing und Staffing. In allen Fällen handle es sich um eine systematische Schikane, die zu einem starken Machtungleichgewicht der Betroffenen führt. Beim Bossing schikanieren Vorgesetzte ihre Untergebenen. Hingegen schikanieren beim Staffing mehrere Untergebene den oder die Vorgesetzte (Kolodej 2018, S. 1). Für alle Betroffenen stelle Mobbing eine extreme Herausforderung dar (Kolodej 2018, S. 51).

Ungelöste Konflikte setzen womöglich eine regelrechte Mobbingdynamik in Gang. Die negativen Folgen sind enorm. Derartige Probleme können Druck erzeugen, Arbeitskraft und Arbeitszeit binden, Kosten verursachen und krank machen, beschreibt Anke Sommer das „Schlachtfeld Arbeitsplatz". Geschäftsschädigende interne Verhaltensweisen gehen so weit, dass sogar die Existenzgrundlagen von Unternehmen angegriffen werden (Sommer 2019, S. 7).

Unfassbare Zustände. Huber und Fuchs (2009) sprechen unverblümt von „Psychokrieg". Die Kriegsführung werde in den meisten Fällen von oben nach unten eingesetzt. Das heißt, Bosse und Vorgesetzte treten als Mobber auf und zwar in allen Branchen, betonen Huber und Fuchs. Den Autoren gehe es in ihrer Analyse nicht um Boss-Bashing, betonen sie. Denn weniger die Vorgesetzten an sich seien das Problem, sondern vielmehr die schwachen Führungskräfte, die durch ihr Tun unfassbare Zustände auslösen.

Mobbing macht psychisch krank. Wird der Druck am Arbeitsplatz zum Terror, dann kann das auch in körperlicher Gewalt münden. Herrscht hingegen ein Klima der gegenseitigen Unterstützung, dann entfaltet das eine ganz andere Wirkung. In der Schweizer Studie „Der soziale Aspekt von Burnout" von 2009 haben die Forschenden zusammen mit der *Bertelsmann-Stiftung* festgestellt, dass das Burnout-Risiko in den Unternehmen erheblich sinkt, wenn Führungskräfte ihre Mitarbeitenden bei der Arbeit sozial unterstützen.

Wie das Drama auf unserem Arbeitsplatz ausgeht – als Trauerspiel, Tragödie oder rührende Komödie – das liegt also zu einem großen Teil in den Händen der Bosse. Wäre es da nicht schön, wenn wir ein Wörtchen mitreden und selbst aussuchen dürften, wer bei uns das Sagen hat?

1.2 Welchen Boss hätten Sie denn gerne?

Sich Chefin oder Chef selbst backen. Das wäre doch toll. Nehmen Sie eine große Packung Fachkompetenz, dazu je einen ordentlichen Schuss Einfühlungsvermögen und Loyalität und drei Esslöffel voller Entschlussfreude. Noch eine Prise sympathische Ausstrahlung und dann alles kräftig durchrühren. In angemessener Zeit erst reifen, später schonend garen und am Ende gut auskühlen lassen. Fertig sind die Vorgesetzten ganz nach dem Geschmack ihrer Mitarbeitenden. Leider verwöhnen Betriebsorganisationen in den seltensten Fällen so wie ein Gourmet-Tempel die Geschmacksnerven. Vorgesetzte, die an den Gaumen ihrer Untergebenen kitzeln, lösen damit eher Brechreiz aus und bisweilen einen faden Beigeschmack.

Weil das mit dem Backen also schlecht funktioniert, bringt uns die Frage nach dem Idealbild zunächst nicht weiter. Die Bosse selbst auszuwählen, das wird uns sowieso nicht zugestanden. Selten liegt solch eine Auswahl in dem Kompetenzbereich der Unterstellten. Sie haben wenig bis gar keinen Einfluss auf die Entscheidung, wer ihre Vorgesetzten sein sollen. Chefinnen und Chefs den Rangniederen vor die Nase zu setzen – das scheint hingegen die gängige Praxis zu sein.

Die Frage, welchen Boss wir gerne hätten, stellt sich erst gar nicht. Relevanter erscheint es deshalb, genau hinzuschauen, wer denn die Menschen sind, die uns Tag für Tag als Chefinnen und Chefs das Leben schwer machen. Auch wenn so ein genauer Blick vielleicht ziemlich abstoßend sein kann. Wir wollen unseren Boss, das unbekannte

Wesen, zuerst einmal gründlich durchleuchten. In der Erforschung der Arbeitshierarchie haben glücklicherweise mehrere Wissenschaftsbereiche schon viele wichtige Erkenntnisse gewonnen.

Webers Führungsstile. Der Soziologe Max Weber hat vor 100 Jahren vier Führungsstile unterschieden: den charismatischen, den autokratischen, den patriarchalischen und den bürokratischen. In seinem 1921 und 1922 erschienen Buch „Wirtschaft und Gesellschaft: Grundriss der verstehenden Soziologie" erklärt er die Grundlagen aller Herrschaftsverhältnisse. Ähnlichkeiten zu den Organisationsstrukturen, denen wir heute begegnen, sind kein Zufall. Denn das in Webers Standardwerk beschriebene Prinzip ist immer noch dasselbe: Eine Autorität erteilt ihre Befehle an die fügsamen Gehorchenden. Die Frage ist, inwiefern diese Autorität legitimiert ist.

Gehen wir zunächst von dem Fall aus, dass wir unsere Befehle von einer charismatischen Führungskraft erhalten. Eine Demokratie ist Weber zufolge als eine Art charismatische Herrschaft zu verstehen (1980, S. 122 ff.). Die Geführten lassen sich dabei gerne führen. Zumindest solange, wie sie der Chefin und dem Chef noch eine bewundernswerte Ausstrahlung attestieren können oder in der Führungskraft ein Vorbild sehen.

Im Gegensatz zu charismatischen Chef:innen im demokratischen System dürfen die Autokratinnen und Autokraten unkontrolliert wüten. Die kleinen und größeren Diktator:innen sind es gewohnt, dass ihre Anweisungen in der weiteren Befehlskette erfüllt werden. Jeder Widerspruch wäre Gehorsamsverweigerung und Majestätsbeleidigung.

Wenig Unterschiede gibt es zu einem Patriarchen oder einer Matriarchin. Der Papa oder die Mutti stehen beim patriarchalischen oder matriarchalischen Führungsstil an der Spitze, klassischerweise im Familienbetrieb. Sie haben sich ihre herausragende Stellung durch vermeintliche Altersweisheit erarbeitet. Deshalb ist ihr gütiges Wort Gesetz.

Dann wäre da noch Webers Typus des bürokratischen Führungsstils (1980, S. 125 ff.). Dabei geht es weniger um den Menschen, sondern um das Amt. Die austauschbare Führungskraft trifft die Entscheidung eben deshalb, weil sie dort oben sitzt oder steht. Bei ihr liegt die Zuständigkeit. Wer sich weiter unten in den Hierarchiestrukturen findet, der hat eben einfach weniger zu sagen. Die Herrschaft der Verwaltung lässt da wenig Spielraum.

Der Sozialpsychologe Kurt Lewin (1939) beschrieb ebenso wie Weber den autoritären Führungsstil, der von strengen Hierarchien ausgeht. Darüber hinaus nannte Lewin den kooperativen Stil. Dabei dürfen und sollen die Geführten mitreden und sie werden nicht von oben herab behandelt. Der Laissez-faire-Stil der Führung ermöglicht die größtmögliche Freiheit – alle können tun und lassen, was gerade gewünscht ist, um die Ziele zu erreichen. Des Weiteren sprach Kurt Lewin noch vom karitativen und partizipativen Stil, bei dem die Förderung und Einbindung der Mitarbeitenden im Mittelpunkt steht.

Die Theorie in allen Ehren. Aber das Phänomen der blöden Bosse wird uns dadurch nicht erklärt. Es ist ja wohl so, dass keine Führungskraft aus dem echten Arbeitsleben zu hundert Prozent einen dieser klassischen Führungsstile umsetzt. In der Realität wird nicht der eine Typus allein anzutreffen sein, sondern vermutlich eine Mischform. Statt das in der Theorie beschriebene Ideal zu verkörpern, wird vielmehr je nach Organisationsstruktur, nach den zu führenden Mitarbeitenden oder der Lage entsprechend zwischen den Methoden gewechselt werden. In der Forschung gab es nach Weber und Lewin eine Reihe weiterer Erklärung und Theorien, die uns das Phänomen der Führung nähergebracht haben. Es sind darauf aufbauend zahlreiche Ansätze und Konzepte entstanden, die für sich behaupten, das Personal in die vermeintlich richtige Richtung bringen zu können. Die Führungskräfte dürfen delegieren und dirigieren und sie müssen kontrollieren und motivieren. Ob die eine oder andere Methode funktioniert, hängt nicht zuletzt auch davon ab, welche Eigenschaften und Fähigkeiten die Mitarbeitenden haben. Die Führungsstile können sich am Verhalten, an der Beziehung oder an der Situation orientieren. Niklas Luhmann (2000) hat in seinem systemischen Ansatz eine ganzheitlichere Sichtweise etabliert, bei der es als zielführend erscheint, die Ebenen einer Organisation nicht für sich alleine zu sehen, sondern in Verbindungen mit den Bedürfnissen und Fähigkeiten der Menschen, die dort arbeiten.

Auch wenn es durchaus Modelle gibt, in denen die Hierarchien flach sind und das Team wichtiger ist als ein machthabendes Individuum: In den meisten

Organisationen unserer Wirtschaft und Gesellschaft gibt es irgendwo den Boss. Sein Job ist es in erster Linie, die Entscheidungen zu treffen. Wenn es nicht läuft, muss die Führungskraft ihren Kopf hinhalten. Chefinnen und Chefs sind die Karriereleiter erfolgreich nach oben geklettert. Das bringt üblicherweise Personalverantwortung mit sich. Auf welche Art die Bosse ihr Personal führen wollen, das entscheiden viele per Zufallsexperiment jeden Tag aufs Neue. Ich weiß durchaus, dass etliche Unternehmen ihren eigenen Führungsstil kultivieren und besonderes Augenmerk darauf legen. Aber wie lässt sich herausfinden, ob die Führungskraft wirklich gut führen kann? Und welcher Führungsstil führt denn nun zu welchen Resultaten?

Grob gesagt können wir festhalten: Wird mehr kooperiert, dann steigert sich die Zufriedenheit. Manchmal braucht es auch klare Ansagen. In anderen Fällen sollte mehr Demokratie gewagt werden. Nicht jeder Führungsstil passt zu jedem Menschen und nicht jede Herangehensweise ist universell auf alle Situationen und Organisationen übertragbar. Bei all den Unterschieden ist eines sicher: Wer falsch führt, der schafft nicht nur sich selbst Probleme, sondern verursacht mit der Führungsschwäche eine Menge Stress, ein vergiftetes Betriebsklima und eine Reihe von Problemen bei den Leidtragenden, die den ganzen Mist am Ende ausbaden müssen.

Aber vielleicht bin ich einfach zu negativ. Womöglich lässt sich die Unfähigkeit der Bosse verwandeln in etwas Gutes. Wie die Raupe, die sich einspinnt in ihren Kokon, werden die schwachen Führungskräfte nach ihrer wunderbaren Transformation zu den bunten Schmetterlingen einer vorbildhaften Kollegialität. Hoffen wir, dass es möglich ist, Entwicklungen einzuleiten. Zunächst jedoch, um aus den Fehlern lernen zu können, wollen wir die Missstände der Arbeitswelt identifizieren.

1.3 Die Crashkurs-Führungsexpert:innen

Es ist höchste Zeit, klar zu benennen, welchen Frechheiten, welcher Inkompetenz, welchen Zumutungen wir Tag für Tag ausgesetzt sind. Wir haben lang genug zugeschaut und die Bosse ihr Ding machen lassen.

Selbst unsensibelste Dilettantinnen und Dilettanten erhalten Personalverantwortung. Wer stellt eigentlich die Frage, ob Chefin und Chef überhaupt fähig sind, Menschen zu leiten? Der Busfahrer braucht einen Führerschein, um Leute zu kutschieren, die Ärztin absolvierte ein Medizinstudium und der Klempner hat sich selbstverständlich zum Handwerker ausbilden lassen. Nur unsere Chefin und unser Chef sind offenbar qua Amt und ohne Prüfung schon befähigt, dass sie zu den ganz Großen gehören beim Aufgabenverteilen, Anleiten, Motivieren, Menschenführen und Welterklären. Klar, viele der Bosse haben entweder den Laden gegründet oder geerbt. Andere Lenkerinnen und Lenker haben sich aus eigener Kraft hochgearbeitet, weil sie gute Verkäufer:innen, Techniker:innen, Sachbearbeiter:innen sind oder eine entsprechende Berufsqualifikation erbracht haben. Beamtinnen und Beamte werden für eine Beförderung nach Eignung, Befähigung und fachlicher Leistung ausgewählt. Aber umfasst die Qualifikation, die es der Führungskraft ermöglicht hat, in die höhere Position zu kommen, tatsächlich eine solch hochkomplexe Aufgabe wie das Führen von Menschen?

Kommen Sie mir jetzt bitte nicht mit dem Argument, dass Führungskräfte regelmäßig in diesen Dingen geschult werden. Es gibt eine ganze Reihe von durchaus fragwürdigen Anbietern, die sich gerne Coaches nennen und nicht selten suggerieren, ganz schnelle und einfache Lösungen für den größtmöglichen Führungserfolg zu bieten. Diese Beraterriege tummelt sich wie die Badeaufsicht neben dem Nichtschwimmerbecken der inkompetenten Führungskräfte – mal mit besseren, mal mit weniger guten Ratschlägen, wie der Kopf über Wasser zu halten sei. In den Seminaren unserer Schwimmkursriege lernen die Teilnehmenden unter anderem, wie sie als Boss leiten und kommunizieren sollten. Manches Leadership-Coaching hilft womöglich dabei, später im Kreis der Mitarbeitenden unterscheiden zu können, ob es sich bei Äußerungen um vernichtende Kritik oder tatsächlich um konstruktives Feedback handelt. Vielleicht lernen die nichtschwimmenden Bosse sogar ein bisschen zu paddeln, um im reißenden Strom seltener unterzugehen. Aber befähigt solch eine Lehrstunde wirklich dazu, im tiefen nebelverhangenen Flusstal der Zwischenmenschlichkeit den verschlungenen Weg hinauf zu den sonnigen Höhen der Kollegialität und guten Kommunikation zu finden?

Wie Landkarte oder Kompass könnte dabei das richtige Coaching durchaus einen sinnvollen Zweck erfüllen. Allerdings nicht, wenn die Beratung nur als netter Wochenendkurs betrieben wird. Wie sollen ein paar Stunden Motivations-Blabla bitteschön ein komplettes Umdenken bei der Personalverantwortung bewirken? Nach ein paar Tagen im Alltag werden die guten Vorsätze über Bord geworfen und der alte Boss ist wieder zurück. Diese Crashkurs-Obrigkeiten sind gefährlich. Sie können von sich selbst vielleicht glauben, dass sie etwas von Personalführung verstehen. Wie die Wirklichkeit aussieht, bleibt ihnen jedoch verborgen. Denn die leidtragenden Geführten werden selten nach ihrer Meinung zur Führung gefragt.

Der Liedermacher und Kabarettist Rainald Grebe hat in seinem Song „Berater" die Schaumschläger:innen der Branche bissig und messerscharf charakterisiert.

Ganz so weit scheint diese Einschätzung von der Realität nicht entfernt zu sein. Ein Coach, der selbst zu den Seriöseren seiner Zunft und weniger zu den Schaumschlägern gehört, hat mir verraten, dass die Bosse bei solchen Führungskräftekursen nicht unbedingt mit der Tatsache konfrontiert werden, wie sie Tag für Tag Mist bauen. Stattdessen werde ihnen geschmeichelt und die Teilnehmenden bekommen genau das zu hören, was sie hören wollen. Oder sie erfahren, wie sie mit geschickter Manipulation die anderen dazu bringen, etwas zu tun, das jene eigentlich gar nicht wollen. Und mal unter uns: Menschenführung im Crashkurs? Soll das ein Witz sein? Als Tierpfleger:in brauche ich eine dreijährige duale Ausbildung mit bestandenen Abschlussprüfungen. Was für den Umgang mit Tieren gilt, kann bei Menschen offensichtlich vernachlässigt werden. Dabei sollten ja wohl auch Mitarbeitende im Betrieb pfleglich behandelt werden. Ob die Bosse das überhaupt können, interessiert kaum jemanden. Es genügt voll und ganz, ihnen eine Stelle mit Personalverantwortung zu übertragen. Und dann legen sie unbedarft und heiter los im traurigen Spiel der Kränkungen und Missverständnisse.

Der Weg zum Kommunikationsgenie ist steinig. Es braucht gute wissenschaftliche Beratung, die klar benennt, warum wir auf diesem Weg so oft stolpern und uns den Knöchel verstauchen. Es braucht Zeit und den Willen, über sich selbst und das System der Mitmenschen in Ruhe nachzudenken, ehe sich Änderungen im Verhalten positiv auswirken. Ein Crashkurs kann womöglich erste Impulse geben. Aber er macht lange noch niemanden zur Expertin und zum Experten.

Dass sich Bosse durchsetzen können, haben sie bewiesen. Sie sind auf der Karriereleiter hochgeklettert. Vermutlich haben sie andere hinter sich gelassen. Deshalb stehen sie weiter oben. Das zeugt aber noch lange nicht von ihrer Führungsstärke.

Bei der Bergtour an die Spitze wird die Luft bekanntermaßen immer dünner. Doch ebenso braucht es für die Erkletterung der mittleren Führungsebene schon gewisse Fähigkeiten, damit die Emporkömmlinge auch ohne Sauerstoffflasche nicht gleich in eine Schnappatmung verfallen. Benötigt wird auch ein Vertrauen auf die richtigen Seilschaften, um voran zu kommen. Was es nicht unbedingt braucht: alle dabei mitzunehmen. Der aufgestiegene Boss blickt in den meisten Organisationen auf die Zurückgelassenen herab. Oben am Berghang stehen sie die dann, die Verkünderinnen und Verkünder der wie in Stein gemeißelten Wahrheiten. Unten darf sich das Fußvolk die Hälse verrenken beim Anblick der Führungsebene.

Ob es immer so weitergeht, darf bezweifelt werden. „Die Führungsstile der Zukunft werden (…) einem ständigen Wandel unterliegen und sich an den Wertvorstellungen und Bedürfnissen der Gesellschaft orientieren müssen", schreiben Pastoors und Becker (2019). Es muss sich also etwas tun bei den Führungskräften. Einerseits brauchen sie ohne Zweifel Qualitäten, die sie dazu befähigen, in der Hierarchie aufzusteigen. Die fachlichen und formalen Aufstiegsqualitäten sind aber nur die eine Seite. Die Führungsfähigkeiten stehen auf einem ganz anderen Blatt. Wenn die Führungskraft in ihrer Position angekommen ist, dann sollte sie von dort oben das Personal auch wirklich führen können. Doch was bedeutet *führen* eigentlich? Heißt es lenken und lotsen, anleiten und unterstützen oder lieber steuern und befehligen? Für die diffizilen Aufgaben braucht es nicht unerhebliche Qualitäten, die sich von den formalen Voraussetzungen unterscheiden.

In der Praxis erscheint es uns leider oft so, als wären die Fähigkeiten, in der Organisation aufzusteigen und sich auf dem Weg nach oben durchzusetzen, weitaus besser ausgeprägt als Qualitäten der Menschenführung. Organisationen, denen diese Diskrepanz bewusst ist, versuchen beim Besetzen einer leitenden Stelle möglichst früh herauszufinden, welche Kandidatinnen und Kandidaten zum Führen geeignet sind. In entsprechenden Einstellungstests wird dann geprüft und die Persönlichkeit der angehenden Bosse ermittelt. Nach dem Ausfüllen eines Fragebogens gaukelt das Ergebnis eine detailgenaue Analyse der Teilnehmenden vor. Es heißt dann zum Beispiel, dass das Organisationstalent um fünf Prozentpunkte höher einzuschätzen ist als Stresstoleranz und Kooperationsfähigkeit. Ich möchte doch stark bezweifeln, dass es für eine leitende Rolle in den sozial hochkomplexen Gefügen unserer Arbeitswelt genügt, mal eben ein paar Fragen hinsichtlich ihrer durchschaubaren Erwünschtheit richtig zu beantworten. Um wirkliche gute Aussagen über den Charakter eines Menschen treffen zu können, braucht es wohl schon ein bisschen mehr als einen manipulierbaren Psychotest aus dem Internet. Zumal uns die Erhebung der modellhaften Persönlichkeitsmerkmale nicht verrät, was genau wir für einen Menschen vor uns haben – geschweige denn, ob es sich bei diesem Menschen um eine geeignete Führungspersönlichkeit handelt. Überspitzt gesagt misst der Psychotest nur, wie gut die Testperson darin ist, solche Tests zu beantworten.

Obwohl es ein gewagtes Vorgehen ist, die Wertvorstellungen der künftigen Führungskraft mit Hilfe eines Fragebogens zu ermitteln, wird es dennoch häufig praktiziert. Es ist ein offenes Geheimnis, dass diese Einstellungstests, die angeblich die passende Persönlichkeit für den zu besetzenden Posten zweifelsfrei herausfinden, nur dafür da sind, die Personalverantwortlichen in den Unternehmen und Organisationen vor möglichen Konsequenzen abzusichern, wenn sie sich bei ihrer Personalentscheidung einen Fehlgriff leisten sollten.

Die blöden Bosse sind auch das Resultat von Fehlentscheidungen bei der Besetzung der Posten. Wenn wir die Entscheidung treffen dürften, könnten wir ganz intuitiv sagen, welche Eigenschaften wir von unseren Chef:innen verlangen. Was muss ein guter Boss aus unserer Sicht mitbringen? Menschlichkeit ist sicherlich nie verkehrt, eine gute Kommunikationsfähigkeit könnte helfen, eine gewisse Offenheit wäre ebenfalls sinnvoll. Solche Tugenden sind erlernbar. Nicht gerade im Crashkurs, dafür aber Stück für Stück im (Arbeits-)Leben.

Halten wir fest: Alle leiden darunter, wenn die Arbeitswelt zu einer Kampfarena der Inkompetenz wird. Hierarchische Strukturen sind allgegenwärtig. Ein vergiftetes Betriebsklima ist kein Einzelfall, sondern trauriger Alltag in viel zu vielen Organisationen. Führungskräfte sollten ihren Job beherrschen und Profis in Menschenführung sein. Um das Problem näher untersuchen, wollen wir in den folgenden Abschnitten den blöden Bossen auf die Pelle rücken. Es wird eklig. Aber keine Angst, wir halten dabei genügend Sicherheitsabstand.

2. Schlimmer geht immer – Die Boss-Typen des Grauens

So richtig schlimme Erlebnisse können traumatisieren. Doch keine Mitarbeitenden sind vor dem Schicksal gefeit, dass es beim nächsten Boss nicht noch viel schlimmer wird.

2.1 Der Tyrannosaurus-von-Köpenick-Komplex

Die einzige Hoffnung ist, sie sterben irgendwann aus. Die Dinosaurier der Arbeitswelt schieben sich mit dem Recht der Stärkeren an die Spitze der Befehlskette, indem sie ihre Fressfeinde und Opfer einfach weg beißen und platt walzen. Dort oben herrschen sie mit der bloßen Macht ihrer hierarchischen Überlegenheit. Und wer von den Untergebenen daran zweifelt, der wird es spüren, dass mit der Obrigkeit nicht zu spaßen ist. Leider sagt die Stellung dieser Alphatiere nichts über ihr tatsächliches Können aus. Auch die Fähigkeit, die Mitarbeitenden und das gesamte Team gut zu leiten, korreliert nicht zwangsläufig mit ihrem gehobenen Platz in der Pyramide. Der Tyrannosaurus-Boss ist in der Sache nicht zwangsläufig inkompetent. Aber allein schon die Menschenführung von gestern disqualifiziert ihn für seine Aufgabe.

Bei einigen der Führungsetagen-Dinos läuft es ganz ähnlich wie beim Hauptmann von Köpenick. Der vorbestrafte Schuster hat seinerzeit mit einer geborgten Uniform die halbe Stadt in Aufruhr versetzt. Die preußische

Obrigkeitshörigkeit war so stark ausgeprägt, dass es niemand wagte, seine Befehle anzuzweifeln. Heute führen die Hauptleute nicht nur in Köpenick, sondern überall auf den Spitzenplätzen von Wirtschaft und Verwaltung ein hartes Regiment. Vielleicht auch deshalb, weil sie wissen, dass ihre Machtposition gar nicht so sicher ist. Dass sie sich ihre Uniform nur geborgt haben. Dass irgendwann rauskommt, wie unfähig sie sind. Und deshalb treten sie umso heftiger nach unten.

Bleiben wir kurz beim Militär. Einer der berühmtesten Feldherren der Geschichte war bekanntermaßen Napoleon Bonaparte.

„Man kann keinen Eierkuchen backen, ohne ein paar Eier zu zerschlagen."

So lautet ein Zitat, das dem General und französischen Kaiser zugeschrieben wird. Wie ein kleiner Diktator führt auch heute noch so mancher Chef sein Regiment und nimmt dabei weder Rücksicht auf Backzutaten noch auf die Kolleginnen und Kollegen in der Backstube. Der in der Psychologie diskutierte Napoleon-Komplex liefert angeblich eine Erklärung dafür. Demnach geht es um Kompensation. Eine mangelnde Körpergröße versucht derjenige durch Forschheit und übersteigertes Ego wett zu machen. Er zerschlägt Eier und richtet weiteres Ungemach an – ohne Rücksicht auf die Untergebenen.

Ob die Erklärung und ob überhaupt die Theorie von dem Napoleon-Komplex stimmt, daran gibt es durchaus Zweifel. Zumal Napoleon für seine Zeit Anfang des 19.

Jahrhunderts den Überlieferungen zufolge gar nicht klein war, sondern im Gegenteil mit seinen 1,69 Metern sogar ein überdurchschnittlich großer Mann. Körpergröße spielt vielleicht also gar keine Rolle. Wer es im Betrieb nötig hat, sich zum mächtigen Chef aufzuspielen, der muss wohl eher die innere Kleinheit kompensieren und weniger die körperlichen Beschaffenheiten. Dabei erinnere ich mich lebhaft an einen meiner ersten Vorgesetzten. Er war über 1,90 Meter groß. Demnach ist die Napoleon-Hypothese für ihn schon mal nichtzutreffend. Trotzdem vermute ich heute, dass er unter Komplexen litt. Irgendwie war er eine arme Wurst. Er hat oft echten Murks abgeliefert. Es könnte durchaus sein, dass er seine Defizite nicht erkannt hat und stattdessen fest dran glaubte, er sei genial. Selbstreflexion gehörte wahrscheinlich ebenfalls nicht zu seinen Stärken. Auf jeden Fall hatte damals in der Belegschaft keiner den Mut, ihm ins Gesicht zu sagen, wie es in dem Betrieb besser laufen könnte. Ich habe es wenigstens versucht. Als Auszubildender war ich zunächst froh, ihm überhaupt vor das Antlitz treten zu dürfen.

Der gottgleiche Leiter pflegte es, seine Untergebenen mit dem bloßen Nachnamen anzusprechen. Das klang immer wie ein Befehl. Ich weiß noch, wie ich einmal von ihm in sein Büro zitiert worden bin. Wie der preußische Fake-Hauptmann bellte der Einmeterneunzig-Napoleon meinen Namen durch den Gang. Total schräg, dass ich damals seiner eindringlichen Bitte nachkam und gleich zu ihm schlurfte. Würde ich heute wohl eher nicht mehr machen. Befehl und Gehorsam, das war seine Methode.

Weil ich die Stelle ja behalten wollte damals in den 1990er-Jahren – die wirtschaftliche Lage war wirklich nicht besonders rosig – habe ich sein Tyrannen-und-Opfer-Spiel notgedrungen mitgemacht. Schön war das nicht, aber irgendwann geht auch die schlimmste Ausbildung zu Ende. Eine Begebenheit hat mir kurz vor Schluss meiner recht kurzen Karriere in diesem Betrieb dann doch noch ein bisschen Genugtuung verschafft. Ich habe mich am Buffet vorgedrängelt. Wobei ich den alten Chef nicht irgendwie weggeschubst habe oder so. Es war bei einer Firmenfeier. Als die Festtafel eröffnet worden ist, hat sich keiner nach vorne getraut. Deshalb stand eben ich auf und begann als Erster in der Reihe, mir Speisen auf den Teller zu laden. Der Chef stand direkt hinter mir und hat erst verdutzt geschaut. Dann fand er seine Stimme wieder und wählte die provokanten Worte: „Na Kontredi, haben wir wohl großen Hunger?" Ich antwortete darauf sinngemäß, dass es mir immer gut schmeckt, wenn ich eingeladen bin und nichts zahlen muss. Danach machte ich mir seelenruhig den Teller voll. Die Kolleginnen und Kollegen, die sich brav in einigem Abstand hinter dem Chef eingereiht hatten, feixten heimlich hinter dem Rücken ihres Leitwolfs. Er war es gewohnt, sich zuerst zu bedienen, ehe das hungrig wartende Rudel über die Reste der Beute herfallen durfte. Dass mein beruflicher Aufstieg in dem Betrieb nach dieser Nummer ungefähr dieselbe Überlebenschance hatte wie die gegrillten Crevetten auf dem Buffet, das habe ich damals gar nicht überrissen. Irgendwie sah ich meine Zukunft aber sowieso nicht als Unterworfener beim größten Vollpfosten-Diktator aller Zeiten. Zugegebenermaßen war die Vordrängel-Aktion nur ein kleiner Hieb, den ich mir nach einer Zeit der Erniedrigungen getraut habe. Aber irgendwie habe ich Gefallen daran gefunden, nicht nur einzustecken, sondern die Bosse gerne auch mal zurück zu nerven.

Was mir damals so sauer aufgestoßen ist bei diesem Dinosaurier: Einerseits, dass er derart vehement auf die Befehlskette setzte und dabei für seine Gefolgschaft nie einen Zweifel daran ließ, dass er der Ansager auf der Kommandobrücke ist. Andererseits litten er und alle Mitarbeitenden unter dieser dummen Hoppla-jetzt-komm-ich-Art, weil sie konstruktive Anregungen unterband und kreative Ideen im Keim erstickte. Ja, ich war damals nur Azubi. Und ja, mir waren viele Zusammenhänge vielleicht nicht klar. Aber nein, das ist kein Grund, von oben herab meine Vorschläge abzubügeln. Da saß ich dann in seinem sterilen Büro vor dem überdimensionierten und penibelst aufgeräumten Schreibtisch, hinter dem sich der ach so große Boss, der bei genauerem Hinsehen übrigens ein wahrer Sitzzwerg war, verschanzt hatte. Dann fragte ich wie ein Bittsteller, ob ich das eine oder andere Thema anders, spannender, sinnstiftender bearbeiten darf? Stets baute er seine Verteidigungslinie nach demselben Muster auf und ließ mich wissen, dass das natürlich nicht ginge, weil es ja schon immer so und nicht anders gemacht worden sei.

Sie erinnern sich an die Hoffnung, die ich anfangs des Kapitels äußerte. Sie lautete, dass die Dinosaurier der Arbeitswelt aussterben. Meiner Erfahrung nach gehen die Tyrannen zwar nicht mehr ganz so altmodisch zu Werke wie vor Jahrzehnten. Und auch militärische Kommando-Strukturen, die auf obrigkeitshörige Befehlsempfänger treffen, sind heutzutage wohl nicht mehr in allen Betrieben und Organisationen zu finden. Trotzdem kann ich ihnen zum Schluss des Kapitels die schlechte Nachricht leider nicht ersparen: Auch wenn so mancher Dinosaurier in den Ruhestand geht und einige Kommandeurinnen und Kommandeure aus dem Generalstab ihre Komplexe behandeln lassen – ihre Nachfolgenden sind nicht unbedingt besser. Kumpelhafte Charaktere, die immer betonen müssen, wie flach doch die Hierarchien sind oder dass alle in der Firma ganz toll wie eine große Familie zusammenleben. Brechreiz ist auch mit ihnen garantiert.

2.2 Die Pseudokumpel-Duzer

Was zeichnet einen kumpelhaften Boss aus? Vielleicht, dass er mit Ihnen per Du ist. Mein Dinosaurier-Chef früherer Zeiten sprach den vermeintlichen Pöbel bekanntermaßen bloß mit Nachnamen an und pflegte tendenziell einen Kasernenhofton. Mitarbeitende mit dem Vertrauen und Nähe schaffenden Du anzusprechen? Solch eine Idee war damals noch Lichtjahre entfernt. Die Menschen in Schweden duzen sich hingegen allesamt. Nur mit dem Königshaus sind alle weiterhin per Sie. Aber egal ob Geschäftsführer:in oder Arbeiter:in – die Menschen in Skandinavien sprechen sich untereinander auf der gleichen Ebene an und wirken darüber hinaus noch recht entspannt. Das heißt nicht, dass sie es ohne die Sie-Anrede an Respekt vermissen lassen. Doch es gibt eben auch kein übertriebenes Standesdenken. Mitteleuropäische Unternehmen wollten gleichziehen und haben in den vergangenen Jahren ihre Du-Offensiven gestartet. Seitdem wird hemmungslos geduzt, um nach innen und außen zu signalisieren: Hej, bei uns läuft's anders.

Ob das Duzen in allen Situationen angemessen ist, dazu gibt es durchaus unterschiedliche Meinungen. „Vor Geschäftspartnern macht abteilungsinternes Siezen sicherlich einen guten Eindruck. Denn die Gefahr eines zu kumpelhaften Umgangs ist damit gebannt", schreibt Dagmar Kohlmann-Scheerer (2004, S. 22).

Trotzdem bricht sich das Duzen seine Bahn. Es soll zeigen, dass wir alle gleich sind. Die neue Anredeweise hindert uns nicht daran, weiter die anderen Traditionen im

Unternehmen hochzuhalten und uns etwas einzubilden auf die lange Geschichte des Betriebs mit den vielen Erfolgen und so weiter und so weiter. Sie kennen rührselige Geschichten wie die vom visionären Gründer-Opa, der mit einem alten Werkzeugkasten und drei Glühbirnen nach dem Krieg den Laden zum Weltmarktführer aufgebaut hat. Obwohl also der Geist der Geschichte durch unsere miefigen Büros weht, sind wir mindestens so krass drauf wie die ganzen Silicon-Valley-Hipster, die auf der Arbeit sogar Kicker spielen dürfen oder sich mit ihrem Tablet im Park fläzen, während sie an der neuen Eine-Million-Dollar-Idee basteln. So oder so ähnlich lautet die Firmenpropaganda. Und deshalb dürfen/müssen/sollen wir uns jetzt alle duzen. Wie echte Kumpels eben. Wie im Bergbau als Kameradinnen und Kameraden. Der Boss zählt sich angeblich auch dazu.

Ein Du macht sicherlich vieles einfacher. Ich muss mir nicht überlegen, ob ich mit dem Typen aus der Buchhaltung bei der letzten Weihnachtsfeier nach dem Karaoke-Duell beschlossen hatte, auf das Sie verzichten zu wollen. Es ist auch nicht mehr schlimm, wenn einem aus Versehen das Du rausrutscht. Peinlich ist es nur, irrtümlich wieder zum Sie zurückzukehren. Die neue Anrede, die Freundschaft impliziert, schafft womöglich eine Vertrautheit und verbindet uns mit anderen, damit wir uns im besten Fall sogar solidarisieren und ein Miteinander begreifen.

Doch leider hat sich gezeigt, dass das Du überhaupt nichts ändert. Der Boss ist natürlich immer noch der Boss. Das war auch in einem meiner Ex-Betriebe so, der damals ganz feierlich und offiziell mit lautem Getöse das Du herausposaunt hat. Die vermeintliche Führungselite hatte die

Idee mit der anderen Anrede selbstverständlich nicht zur Abstimmung freigegeben, sondern per Sonderdekret verkündet, das unverzüglich angewendet werden musste. Von oben herab das Du einzuführen ist ungefähr so toll wie ein vom Boss bestimmter Betriebsrat oder ein von einem Asketen ausgesuchtes Kantinenmenü. Es herrschte mit dem verordneten Du sozusagen ein Zwang zum Zueinanderfinden. Nach ein paar Wochen war der Reiz des Neuen verflogen. Das Dominanzgehabe blieb dasselbe wie zuvor. Wo kein Miteinander gewesen ist, wird auch ein neuer Pseudokumpel keines erschaffen. Überhaupt stellt sich die grundlegende Frage: Wieviel Nähe ist möglich und wieviel Distanz nötig? Ich will ja meine Kolleginnen und Kollegen nicht heiraten, sondern nur mit ihnen die Arbeitszeit verbringen. Einige haben nach der Du-Offensive im Betrieb sogar erkannt, dass ein vertrautes und respektvolles Sie mehr Nähe erzeugen kann als ein dahingesagtes Du. Aber dafür war es nach dem Erlass zu spät.

Interessanterweise brachte das pseudokumpelhafte Du in meinem Ex-Betrieb noch ganz andere Irrungen und Wirrungen mit sich. Beispielsweise beim 80-jährigen Seniorchef. Er wähnt sich heute noch in einer Welt von Faxgeräten und Lochkarten. Pflichtbewusst kommt er jeden Tag in sein Retro-Büro. Das durfte er behalten – trotz seines Unruhestandes, wie er auf gar nicht mal so originelle Weise die Zeit nennt, die nach der Entmachtung durch den eigenen Sohn angebrochen ist. Der Senior betritt also täglich um Punkt neun sein nostalgisches Büro, in dem sich in den vergangenen 50 Jahren rein gar nichts verändert hat. Der Mahagoni-

Konferenztisch steht noch unverrückt da. Die Wände mit Leder vertäfelt. Zwischen den wabenartigen Elementen verbirgt sich ein Öffner. Wird er bedient, dann gibt die Wand ihr inneres Geheimnis frei – eine sehr gut sortierte Minibar. In der Welt unseres Firmenseniors ist sogar die Sekretärin dieselbe geblieben. Nach der allmorgendlichen Zeitungslektüre diktiert der Senior dem Fräulein Müller, leider kein Witz – so nennt er sie tatsächlich, dann Briefe mit grenzdebilem Inhalt. Sie sind an den Stadtratsfraktionsvorsitzenden oder an den Herrn Landtagsabgeordneten adressiert. Aber ich habe nie erfahren, ob sie jemals abgeschickt worden sind.

Tückisch am Seniorchef ist, dass alle Mitarbeitenden von ihm glauben, er kriegt gar nichts mehr mit. Doch über einige Dinge im Betrieb ist er dann erschreckend genau informiert. Ein Beispiel: Er schlägt in der Einkaufsabteilung auf und stellt der überraschten Mitarbeiterin die Frage, warum die Kosten für Toilettenpapier im vergangenen Jahr schon wieder um zwei Prozent gestiegen sind.

Weil der Pförtner ihn heute Morgen mit einem „Hallo Karl" begrüßt hat, ließ sich der Seniorchef nach einer kurzen Schockstarre vom Juniorchef über die neue Du-Offensive ins Bild setzen. Die aktuelle Geschäftsführung hatte nämlich kurz darüber diskutiert, ob dieses innovative Du auch für den Senior anzuwenden sei, hat dann nach dem Beschluss aber versäumt, den Alten zu informieren. Also lag es nun am Juniorchef, dem Senior ein Update zu geben. Der Senior machte dann gleich mit. Niemand soll ihm Altersstarrsinn vorwerfen können. Deshalb durfte sich heute

Vormittag auch nicht das Fräulein Müller, sondern die Elke in das Büro bitten lassen.

Elke habe heute seinen Brief an den Stadtrat aufgenommen, berichtete der Seniorchef abends in seiner Altherrenrunde am Stammtisch. Beim Schafkopf oder Skat sitzt er in der Regel mit den anderen Altvorderen da und beratschlagt nicht nur über das Geschäft, sondern auch, wie die Politik ihren privaten Wirtschaftsinteressen noch besser dienen könnte. Ich selbst war zwar nie dabei bei den illustren Runden. Aber die Informationen, die allein am Rande eines solchen Treffens nach außen dringen, sind durchaus vielsagend. Es ist zum Beispiel verbrieft, dass die mächtigen Strippenzieher im Hinterzimmer vor Jahren ausgekartet haben, welcher Kandidat zu ihren Gnaden für die Wahl zum neuen Stadtoberhaupt aufgestellt wird. War nur Pech, dass der Auserwählte damals verloren hat. Auf jeden Fall verstehen sich die alten Männer in ihrer Magnaten-Versammlung nicht nun als befreundete Kartenspieler, die politisch ein bisschen mitmischen wollen. Sie spielen sich auf als die Macher und die Ansager in der Stadt und am liebsten im ganzen Land und nicht nur in ihrer Firma. Dass sich unsere Magnaten-Clique kumpelhaft anbiedert und ihrer Belegschaft das Du anbietet, das wäre zu ihrer Zeit selbstverständlich undenkbar gewesen.

Aber unser Seniorchef Karl hat heute Vormittag trotzdem mitgespielt bei der von seinem Nachfolger implementierten Du-Aktion und die Elke ins Büro gebeten. Karl hat abends seinen Stammtischbrüdern so nebenbei davon erzählt. Dass er der Elke den Stadtratsbrief diktiert hat und nicht dem Fräulein Müller. Da wurden die Herren sofort hellhörig. Sollte der Karl auf seine alten Tage doch noch was mit dem Fräulein Müller angefangen haben? Mit so einem unverblümten Du kann ein auf Tradition bedachter Firmenlenker schnell mal ins Zwielicht geraten. Aber Karl war es am Ende wohl egal, was die anderen dachten. Denn der Betrieb blieb auch nach der Du-Offensive – der Außenwirkung zum Trotz – intern dieselbe verkrustete Klitsche wie eh und je.

Kommen wir zu einem darauf aufbauenden Fallbeispiel, das uns einen neuen Boss-Typus des Grauens vor Augen führt. Die Geschehnisse haben sich in demselben Betrieb ereignet, in dem die Pseudokumpel-Duzer ihr Unwesen getrieben haben. Es ist die Geschichte einer Freundschaft, die sich als trauriges Missverständnis herausstellt.

2.3 Die Mein-Freund-das-Chefchen-Enttäuschung

In dem Unternehmen mit dem Du-Diktat hat es sich zugetragen, dass ich mit meinem Abteilungsleiter nicht nur zwangsweise über das Du befreundet war. Wir verstanden uns mehr oder weniger freiwillig als zwei Kollegen mit freundschaftlicher Verbindung. Wir waren im gleichen Alter, haben gemeinsam die Mittagspausen verbracht, haben ab und an gefeiert, uns zum Sport oder zur Kneipentour verabredet und viel gelacht. Man hat sich beim Umzug geholfen. Klar, alles Ehrensache unter Freunden. Es gab auch kleine Geschenke zum Geburtstag. Mein Chef, der gute Freund, könnte das Beste sein, das es gibt in meiner Arbeitswelt.

Könnte, könnte, ... könnte schon wieder kotzen. Das dachte ich mir spätestens zu dem Zeitpunkt, als mich mein befreundeter Vorgesetzter eines Tages zum Ziel- und Strategiegespräch eingeladen hat. Da habe ich dann den Unterschied begriffen zwischen Freundschaft und einem Abhängigkeitsverhältnis.

Wir fanden es anfangs noch ziemlich spaßig, dass wir ja fast so wie Schulkameraden hier im Betrieb unser Ding machen dürfen. Ein bisschen wie die Lümmel von der ersten Bank. Keiner konnte uns was. Und dass mein Kumpel gleichzeitig das Chefchen für unsere Abteilung spielen muss – wen kümmert es? Jetzt wurde es einerseits so in diesem Betrieb gehandhabt, dass wir alle mit dem Du unsere gegenseitige Freundschaft offen bekundeten. Nur dass sich andererseits die Hierarchien deshalb aber kein Stück geändert haben. Weder in der Zeit, in der unser patriarchischer Seniorchef das Sagen hatte, noch später, als sein möchtegernliberaler Nachfolger am Ruder war, gab es einen Wandel in der Stufenleiter und im Umgang miteinander. Das heißt, der oberste Chef hatte ein paar Prokuristen und danach seine Chefchen in den Abteilungen unter sich. Rangmäßig viel niedriger in dem Gefüge befand sich das Fußvolk, das zum Dienen bestimmt war.

Die Abteilungsleiter:innen mussten liefern. Ja, liefern. Das heißt mittlerweile überall so, nicht nur bei Unternehmen, die im Versandhandel tätig sind. Egal wo – ob als Kandidatin bei einer lächerlichen Fernsehkochshow oder als Trainer eines börsennotierten Bundesligavereins. Immer müssen alle liefern. Das wollte sich mein Chefchen, der aufstrebend und geil auf Karriere den großen Chef um jeden Preis beeindrucken wollte, nicht zwei Mal sagen lassen. Jetzt, wo er endlich Personalverantwortung übertragen bekommen hat, da musste er natürlich auch liefern und zeigen, dass er seinen Untergebenen, also mich, gut im Griff hat. Dass sich sein Personal steigern und weiterentwickeln kann und damit immer effizienter wird. Deshalb habe ich eines Tages im elektronischen Terminkalender die Einladung zu dem Ziel- und Strategiegespräch von meinem Abteilungsleiter erhalten, der bis dahin ja immer mein Freund war.

Ich soll das unbedingt ernst nehmen, so ging unser Gespräch unter ehemaligen Freunden los.

„Ist das ihr Ernst? Das fragt der Bankangestellte den um einen Kredit bittenden Kunden. Der Kunde dreht den Kopf zu seinem neben ihm stehenden Sohn. Dann antwortet er dem Bankangestellten: Nein, das ist der Klaus, der hat nur vom Ernst die Jacke an."

Mit diesem heiteren Witz zur Einstimmung wollte ich eingangs unseres Personalgesprächs das Eis brechen. Jetzt können solche Eisbrecher, ich meine diese Schiffe in der Arktis, auch schnell an ihre Grenzen stoßen. Vor allem im Winter bei dicker Eisdecke. Die Eisschicht war damals bei unserem Gesprächstermin in der zweiten Januarwoche wirklich massiv und geradezu adipös angeschwollen. Nicht nur draußen, sondern auch drin im gut beheizten Büro beim Blick auf die zwischenmenschliche Atmosphäre.

Die eisige Stimmung, die mein vermeintlich freundschaftlicher Vorgesetzter ausstrahlte, kam offenbar daher, dass das Chefchen vorher schon bei seinem Chef war und dort sozusagen zur Einstimmung auf unser Personalgespräch den Fall Kontredi vorgebracht hat. Die beiden haben sich über mich ausgetauscht und sind dabei offenbar übereingekommen, dass von mir ganz pauschal mehr Leistung erwartet werden sollte. Klingt bei all der Unterkühltheit der Situation recht paradox, aber der Chef hat unser Chefchen regelrecht heiß gemacht und gefordert, dass das Chefchen mir gegenüber den abgebrühten Vorgesetzten raushängen lässt. Es ging wohl darum, ein Zeichen zu setzen, damit das Chefchen beweisen kann, dass er seine Mitarbeitenden im Griff hat und ihm noch mehr Personalverantwortung übertragen werden kann.

Ob ich denn den Fragebogen ausgefüllt und ausgedruckt habe, erkundigte sich in dem entsprechend unterkühltreservierten Tonfall der Vorgesetzte. Mir wurde warm und kalt gleichzeitig. Ich kam mir vor wie auf dem heißen Stuhl umgeben von arktischer Polarlandschaft. „Klar, habe ich den ausgefüllt. Auf meiner unsichtbaren Schreibmaschine", antwortete ich, hob die Hände und klimperte mit den Fingern ein paar Zeilen vor mich hin auf meiner imaginären Luft-Schreibmaschine.

Riesenbrüller normalerweise. Zumindest unter ironiebegabten Kumpels. War aber anscheinend nicht die richtige Bühne und schon gar nicht das passende Publikum. „Was soll das werden? Willst du Stress machen?", fragte mich das Chefchen. Das sei sowieso ein Punkt auf seiner Liste: Er glaubt, dass ich ihn nicht so ganz ernst nehme. Man könne den Punkt gerne vorziehen und jetzt gleich besprechen. Was sollte ich sagen? Ich stimmte zu und hoffte, dadurch wenigstens den Ablauf etwas beschleunigen zu können. Denn Chefchen holte aus seiner Schublade am Schreibtisch tatsächlich zwanzig Seiten mit einer umfassenden Mitarbeiterbewertung heraus, basierend auf einem Fragebogen, den er wahrscheinlich auf den Online-Ratgeberseiten „So führe ich ein effizientes Ziel- und Strategiegespräch" gefunden hat.

Es sei doch auch für ihn das erste Mal, dass er so ein Gespräch führen muss. Deshalb wolle er alles richtig machen, hoffte Chefchen auf meine Einsicht. Zu diesem Zeitpunkt war ich schon so perplex, dass ich nur noch langsam nicken konnte. Das hätte ich nämlich überhaupt nicht erwartet. Was in der nächsten Stunde über mich hereinbrach, sollte sich als gnadenlose Abrechnung mit allen Fehlleistungen herausstellen, die ich mir angeblich im vergangenen Jahr geleistet habe.

Obwohl er mein Vorgesetzter sei, habe ich ihm widersprochen, hielt er mir zum Beispiel vor. Mit solch einer Äußerung musste ich als Konfrontierter zuerst einmal klarkommen. Widerspruch ziemt sich demnach also nicht für Menschen in meiner Position? Hätte ich offen vor dem versammelten Team seine Kompetenz in Frage gestellt, dann wäre ein Widerspruch wohl tatsächlich nicht okay. Aber an solch eine Situation konnte ich mich beim besten Willen nicht erinnern. Außerdem: Gehört Widerspruch nicht irgendwie dazu? Als Abnicker und Jasager, der mit totaler Zustimmung um die Gunst seines Chefs buhlt, war ich vermutlich in der Tat nicht gut geeignet.

Also musste ich mir den Vorwurf des Widerspruchs gefallen lassen. Was mir danach zuerst in den Sinn gekommen ist, war das nicht ganz so kollegiale Verhalten meines Vorgesetzten. In Wirklichkeit lief das damals so ab, dass er sich hemmungslos mit fremden Federn schmückte, während ich wie der kleine Sachbearbeiter neben ihm saß und still seinen Ergüssen lauschen durfte. Zugegeben, das ist meine subjektive Sicht auf die Dinge. Aber es ja auch mein Buch. Soll das Chefchen doch sein eigenes schreiben.

Mein Vorgesetzter hielt es wegen einer Reihe weiterer Gründe für nötig, seinen störrischen Untergebenen in geordnete Bahnen zu lenken. Deshalb wollte er neue Vereinbarungen treffen und Ziele mit mir definieren. *Mit* mir? Wohl eher über meinen Kopf hinweg. Es waren dann nämlich weniger wir beide beteiligt, sondern mein Chefchen hat praktischerweise unsere neuen Regeln schon fertig ausgedruckt zu dem Gespräch mitgebracht.

In einem Jahr werde dann geschaut, ob wir alles erreicht haben, verkündete Chefchen stolz. So stand es dann auch in dem Schreiben, das er mir ein paar Tage nach unserem denkwürdigen Gespräch zur Unterschrift vorlegte. Da stand ernsthaft drin, wozu ich mich im Detail verpflichte. Wie oft ich zum Beispiel meine Ordner aufräumen und beschriften soll. Das alles werde dann offiziell in meinen Arbeitsvertrag einfließen.

Nur die Klozeiten waren in der neuen Vereinbarung nicht geregelt. Bei all der Gründlichkeit eigentlich merkwürdig.

Dass es mir irgendwo ganz hinten vorbeigeht, also nicht nur die Vereinbarung, sondern auch der ganze Job, das war dann wohl spätestens bei meiner Kündigung klar. Ich erinnere mich noch ganz genau an das blöde Gesicht des Chefchens, als er von meinem Abschied erfahren hat. „Aber das wirft auf mich als Vorgesetzten doch ein schlechtes Licht, wenn mein Personal kündigt", war seine erste Reaktion. Was hätte ein egoistischer Karrierist auch sonst sagen sollen? Dass meine Kündigung schade ist für das Team oder für unsere Freundschaft? Er hätte sich natürlich auch nach den Gründen für meine Entscheidung erkundigen können.

Eine Frage der Motivation. Das Problem lag auch in dem Gegensatz zwischen intrinsischer und extrinsischer Motivation begründet. Welten liegen dazwischen. Beide voneinander zu unterscheiden und dann gezielt die jeweils beste Methode zu fördern, das könnte den Menschen in der Arbeitswelt dabei helfen, die Motivation für berufliche Aufgaben zu steigern. Chefchen dachte, er könne mich extrinsisch motivieren. In diesem Fall müsse bei mir laut Pastoors und Becker (2019, S. 127) der Wunsch im Vordergrund stehen, einen Vorteil (Belohnung) zu erlangen oder Nachteile (Bestrafung) zu vermeiden.

Was Chefchen leider nie begriffen hat: Ich fühlte mich selbstverantwortlich genug, um auch ohne seine doch recht plumpe Motivationshilfe meinen Arbeitsalltag hinzubekommen. Er wollte mich mit einer Mischung aus Belohnung und Bestrafung in die aus seiner Sicht richtige Richtung lenken.

Meine Aufgabe in dieser Firma war es, unter anderem Texte und Online-Inhalte über die segensreichen Produkte des Unternehmens zu verfassen. Damit ich in der Tätigkeit wirklich einen Sinn sehen konnte, war der zusätzliche Druck vom Chefchen kontraproduktiv. Geholfen hätte mir vielmehr eine innere Überzeugung, dass mein Job der Richtige ist. Intrinsische Motivation bedeutet, dass ich eigenen Antrieb aufbringe und mich der Herausforderung stellen will.

„Ein anerkennendes Wort ist für viele Mitarbeiter mehr wert als Geldgeschenke", schreiben Pastoors und Becker über die Förderung der intrinsischen Motivation (2019, S. 117). „Es kommt nicht darauf an, die Mitarbeiter zu verändern, sondern sie für die Veränderung zu begeistern. Die oberste Voraussetzung dafür ist es, deren Freiheit zu respektieren." (Pastoors, S. 117).

Wie Pastoors und Becker erklären, können Unternehmen oder Führungskräfte die intrinsische Motivation der Mitarbeitenden durch extrinsische Belohnungen sogar zerstören. Werde versucht, das Verhalten nur durch äußere Anreize wie Anweisungen oder Boni zu steuern, dann sinke die persönliche Anteilnahme der Mitarbeitenden und deren Eigenmotivation sinke ebenfalls (2019, S. 127).

Das Chefchen hat mich als Freund enttäuscht. Als Vorgesetzter hat er es geschafft, meine sprudelnde Quelle der inneren Motivation zum Versiegen zu bringen. Statt meine Freiheit zu fördern, hat er in mir Beklemmungen ausgelöst. Sein Misstrauen, die Vorwürfe und eine Behandlung von oben herab haben mich verletzt. Aber es geht auch immer noch viel schlimmer, wie uns die folgenden Kapitel vor Augen führen werden.

2.4 Die Neue-Besen-Zumutung

Hurra, hurra, der neue Boss ist da! Ob die Freude lange anhält, wird sich zeigen. Umstrukturierungen sind in der Firma schon immer ganz oben entschieden worden. Bei ihrem Entschluss darüber, wie die mittlere Führungsebene besetzt wird, da lässt sich die oberste Riege natürlich nicht hineinreden. Wer allerdings die Folgen einer Fehlentscheidung ausbadet, das steht meist auf einem anderen Blatt. Mit den Konsequenzen eines mehr oder weniger durchdachten Führungskräftewechsels muss zumeist das Fußvolk leben. Der oder die neue auf dem Kommandostuhl hat eigene Vorstellungen, wie der Laden laufen soll. Gleichzeitig setzt die frische Führungskraft die Befehle der Leitungsebene um, denn dafür ist sie ja geholt worden.

Um das Dilemma zu verdeutlichen, nehmen wir als Beispiel das Warenhaus in meiner Stadt. Die Konzernleitung entscheidet sich dafür, in der Filiale eine neue Leiterin zu installieren. Die Stelle wurde nicht intern, sondern von außerhalb besetzt. Die Leiterin war früher in einem Warenhaus an einem anderen Ort beschäftigt. Schon am ersten Tag im neuen Betrieb zieht sie den Unmut der Belegschaft auf sich. „Das muss hier ganz schnell alles anders werden", tönt sie während der Vorstellungsrunde. Als äußeres, sichtbares Zeichen wird das Schaufenster umdekoriert. Deshalb lautet ihr erster Befehl: „Die Frühlingsdeko muss weg. Wir bringen den Sommer in die Stadt." Die Schaufensterpuppen erhalten ein Schwimmbad-Outfit und werden mit Blumenketten, Sonnenbrillen und großen Hüten ausgestattet. Dass sich erfahrungsgemäß die meisten Kundinnen und Kunden in der Stadt lieber nach dicken Jacken umschauen, weil so früh im Jahr auf den umliegenden Bergen überall noch Schnee liegt, das will die Filialleiterin gar nicht wissen. Einen Dialog mit den Mitarbeitenden, die das Geschäft seit Jahrzehnten kennen und die Lage recht gut einschätzen könnten, wünscht die Chefin nicht.

Der neue Besen in Person der Filialleiterin wirbelt durch das Kaufhaus und lässt kein gutes Haar an der gegenwärtigen Situation. So und so sei das an ihrer früheren Wirkungsstätte gemacht worden, betont sie. Dieser Warenständer muss dort stehen und jene Artikel seien hier viel besser aufgehoben. Eigentlich stimme überhaupt nichts, meint sie. Allen Mitarbeitenden erklärt sie, wie deren Job gemacht wird. Ein Wunder, wie der Laden bis gestern überhaupt Einnahmen erzielt hat, lästert hinter dem Rücken der Chefin die Belegschaft.

In diesem Tempo setzt die Leiterin die 180-Grad-Wende im Kaufhaus fort. Sie bringt dabei nicht nur die Schaufenster und die Inneneinrichtung, sondern ziemlich schnell auch das soziale Gefüge der Mitarbeitenden durcheinander. Ohne nachzufragen und ohne die Meinung der Betroffenen einzuholen, stellt sie einen veränderten Dienstplan auf. Urlaubszeiten und Vertretungen werden darin anders geregelt als bisher. Das seit Jahrzehnten eingespielte Team war es gewohnt, Rücksicht aufeinander zu nehmen. Wer schnell weg wollte, um sich um seine Angehörigen zu kümmern, fand immer eine kurzfristige Vertretung. Das wird von jetzt an nicht mehr so einfach möglich sein, weil der Personalplan starrer reglementiert ist.

Dass neue Besen gut kehren, das behauptet bekanntermaßen der Volksmund. Innerhalb kürzester Zeit hat die Filialleiterin bewiesen, dass sie zwar kehren kann. Sie wirbelt ohne Zweifel viel Staub auf. Ob ihr Großreinemachen aber wirklich etwas Gutes bewirkt, daran gibt es doch viele Zweifel. Die Chefin tut so, als hätte sie das Putzen erfunden und degradiert damit die Menschen in ihrem Arbeitsumfeld. Als wären die anderen nur ein Haufen müder Lappen.

In unserer arbeitsteiligen und hochspezialisierten Arbeitswelt muss es nicht die primäre Aufgabe einer Führungskraft sein, den Mitarbeitenden zu erklären, wie sie ihren Job zu machen haben. Dass Bosse tiefe Einblicke in die genauen Abläufe haben, stellt sich in der Praxis häufig als komplett unmöglich dar. Es würde ja bedeuten, dass in unserem Beispiel die neue Chefin in dem Warenhaus so schlau ist, dass sie das gesamte Wissen aller Mitarbeiter:innen auf sich vereint, dass sie deshalb immer den vollen Überblick besitzt und in jeder Lage weiß, wie es weitergeht. Die Filialleiterin hat tatsächlich geglaubt, es wäre so. Dass die Realität aus Sicht der Belegschaft jedoch eine ganz andere war, nahm die Chefin überhaupt nicht zur Kenntnis.

Es gehört meiner Ansicht nach zu den größten Missverständnissen in der Arbeitswelt, vom Boss anzunehmen, dass er irgendwie schlauer oder besser befähigt ist, die Arbeit seiner Mitarbeitenden zu tun. Sein Job ist es, den Laden zusammenzuhalten und zum Wohle aller die besten Entscheidungen dafür zu treffen. Zugegeben, ich kann mir den Fall eines Kunsthandwerkers vorstellen, der als Meister seinen Lehrlingen und anderen Beschäftigten überlegen ist und sie in sämtlichen Belangen übertrifft.

Zu den begnadeten Künstlerinnen gehörte die neue Warenhaus-Chefin aber eher nicht. Dennoch gab fast nichts im Laden, das von ihrer Kritik verschont blieb. Weil sie eben glaubte, alles viel besser zu wissen. Die enormen Wissenslücken der Filialleiterin hinsichtlich des diffizilen sozialen Gefüges der Belegschaft haben die Mitarbeitenden letztlich dazu gebracht, dass sie nach kurzer Zeit auch für berechtigte Kritikpunkte kein Ohr mehr hatten. Sie schalteten auf stur und die Arbeit wurde für alle ganz mühsam.

Kritik ist wichtig und jemand anderen zu kritisieren ist nicht per se schlecht. Um sich selbst nicht als die obersten Kritiker:innen hervorzutun, nutzen vorsichtigere Bosse lieber das Wort „Feedback". Sie geben also eine Rückmeldung. Klingt auch gleich viel netter als das Wort „Kritik", bei dem Missbilligung und Tadel durchaus mitschwingen können. Wenn dann allerdings im Feedback-Gespräch trotzdem nur die reine Kritik auf den Tisch kommt, ist der englische Begriff womöglich auch nicht viel besser.

Für Kritik gibt es Regeln. Dagmar Kohlmann-Scheerer (2004) betont, dass die Kritik fair sein soll. Besser sei es, beschreibend zu kritisieren als bewertend oder unterstellend. Es sei wichtig, konkret die Dinge zu benennen. Dabei sollte der Boss im angemessenen Rahmen bleiben und mit seiner Kritik dem Mitarbeitenden weiterhelfen. Dem Ziel einer gemeinsamen Lösung kommen die Beteiligten auf diese Weise näher (Kohlmann-Scheerer 2004, S. 96).

In unserem Warenhaus kamen sich nur die Mitarbeitenden näher. Die ablehnende Haltung gegen die Chefin hat die Gemeinschaft gestärkt. Die Belegschaft empfand die Arbeit mit dem neuen Besen als Zumutung und hat deshalb auch keine Situation ausgelassen, dies die Filialleiterin spüren zu lassen. Es hakte an vielen Stellen, weil alle nur noch Dienst nach Vorschrift machten und niemand mehr bereit war, den Extraschritt zu gehen, der notwendig wäre, um das Kaufhaus in ein funktionierendes Kollektiv zu verwandeln.

Ob es gelingen wird, das Geschäft wieder flott zu kriegen, hängt von der Bereitschaft aller Beteiligten ab. Die Chefin muss an sich arbeiten, weniger forsch vorgehen, dafür wertschätzender die Mitarbeitenden integrieren. Auf der anderen Seite steht die Belegschaft. Sie sollte fair bleiben und der Filialleiterin zugestehen, dass sie Fehler machen darf. Die Angestellten wollen sich ja nicht dem Verdacht aussetzen, unbeweglich und geistig träge zu sein – nach dem Motto „haben wir schon immer so gemacht".

Der neue Besen kann für alle zur Zumutung werden. Kehrt die Filialleiterin mit eisernem Besen und mutet den überrumpelten Mitarbeitenden große Umwälzungen zu, dann bewirkt sie womöglich genau das Gegenteil. Bescheidenheit könnte weiterhelfen. Das Werk des mittelalterlichen Klerikers Freidank trägt den Titel *Bescheidenheit*. Freidank soll im 13. Jahrhundert das Neue-Besen-Sprichwort als Erster verwendet haben.

„Der neue Besen kehrt sehr wohl, Eh' dass er Staubes werde voll", heißt es bei Freidank.

Ob sich der Geistliche damals auch schon mit blöden Bossen herumärgern musste?

2.5 Die Busenfreundin-Stalkerin

Freundschaftliche Verbundenheit im Job – ein Fluch oder ein Segen? Die Frage lässt sich durchaus kontrovers diskutieren. Sicherlich gibt es jede Menge Freundschaft unter Kolleg:innen. Zumindest stehen die Chancen wohl dann gut, wenn beide eine vergleichbare Position auf derselben hierarchischen Ebene in ihrer Organisation bekleiden. Dass Chef:in und Untergebene:r Freunde sind, ist selbstverständlich niemals auszuschließen. Allerdings kann solch eine Freundschaft zu wahren Dramen bis hin zu strafrechtlich relevantem Verhalten führen, wie uns das folgende Beispiel zeigen wird.

Stalking ist ja eine Straftat und im echten Leben bekanntlich verboten. Im Arbeitsalltag gibt es da womöglich Grauzonen. Es soll vorkommen, dass Bosse ihrem Personal nachstellen. In Paragraf 238 des deutschen Strafgesetzbuches heißt es zur Nachstellung: Es wird mit Freiheitsstrafe oder Geldstrafe bestraft, „wer einer anderen Person in einer Weise unbefugt nachstellt, die geeignet ist, deren Lebensgestaltung nicht unerheblich zu beeinträchtigen". Wer wiederholt die Nähe der anderen Person aufsucht oder versucht, über Kommunikationsmittel Kontakt zu der Person herzustellen, der wird als Stalker:in bezeichnet.

Mit vermeintlich harmlosen Sätzen fängt es an. „Wo warst Du in der Mittagspause?", will die Chefin wissen. Ihr Informationsbedarf ufert dann jedoch recht schnell aus. Das Berufs- und ebenso das Privatleben der Mitarbeiterin wird universell und absolut für die eigenen Zwecke beansprucht.

Es klingelt das Mobiltelefon. Nicht einmal, sondern unzählige Male. Auch mitten in der Nacht ist die Chefin in der Leitung. Wird das Gespräch nicht angenommen, schickt sie eine Flut an Text- und Sprachnachrichten. Irgendwann ist es kein Spaß mehr. Die Vereinnahmung ist komplett. Ob eine Straftat vorliegt, entscheidet das Gericht. Zumindest haben wir in dem nachfolgenden Fall genügend Anlass für unsere Verdachtsberichterstattung. Doch der Reihe nach.

Ich durfte die verstörende Geschichte vor einigen Jahren miterleben. Die Leidtragende schilderte mir lebhaft und ausführlich die Geschehnisse. Vielleicht hat es ihr gutgetan, in einer Art Therapiegespräch ihren Frust loszuwerden oder die Begebenheit zumindest ein Stückchen zu verarbeiten. Immerhin war es der Betroffenen überhaupt möglich, schon wieder darüber zu sprechen. Die Vorfälle, die ich nach meiner Erinnerung für Sie nun rekonstruieren werde, spielten überwiegend in einem kleinen Einzelhandelsgeschäft für Damenmode in Innenstadtlage. Die angestellte Mitarbeiterin, wir wollen sie Effi nennen, hat sich einfach blendend mit ihrer Chefin verstanden. Zumindest zu Beginn. Alles fing relativ harmlos an. „Wir waren eben auf einer Wellenlänge", schildert Effi die Anfangszeit mit ihrer Chefin. „Alles konnten wir uns sagen. Und irgendwann waren wir die besten Freundinnen."

Wenn im Geschäft nichts los war, durfte sich Effi um ihre privaten Angelegenheiten kümmern. Extra um Erlaubnis zu fragen war dafür nicht nötig. Sie konnte dann hinten im kleinen Büro den PC der Chefin nutzen. Effi hat dann dort ihre Online-Bankgeschäfte erledigt, bei Internet-Händlern bestellt oder einfach nur im Netz gesurft. Darüber hinaus erhielt die Mitarbeiterin eine Reihe weiterer Privilegien. Sie bekam ein recht teures Diensthandy geschenkt, das sie selbstverständlich auch privat nutzen durfte. Später zur Arbeit erscheinen oder früher gehen, das war alles kein Problem. Es passte ins Bild, dass die Bezahlung für die Branche weit überdurchschnittlich war. Bei all den Vorteilen übersah Effi ein Problem: Die Trennung zwischen Beruf und Privatleben weichte mehr und mehr auf.

Effis Partner Thorsten war der Erste, der misstrauisch die Entwicklung beäugte. Ob es denn wirklich sein müsse, dass ihre Chefin jeden Abend anruft und mit Effi dann stundenlang quatscht, wollte Thorsten wissen. Schließlich sei doch Feierabend. Könne sie das nicht dann morgen im Laden mit der Chefin besprechen? Außerdem habe er schon lange so ein komisches Gefühl dabei, sagte Thorsten. „Ach nein, lass doch!", erwiderte Effi. Die Chefin wolle doch nur ein bisschen über dies und das reden. War ja auch ein stressiger Tag heute mit der neuen Software für die Kasse und mit der Kundin, die ausgerechnet kurz vor Ladenschluss noch die neue Kollektion vorgeführt haben wollte. Und dann ging es noch darum, was wir mit der Regionalvertreterin klären wollen, die uns doch besuchen kommt. Außerdem habe die Chefin ja schon wieder Zoff mit ihrem Partner, informierte Effi. Sie hoffte, dass Thorsten Verständnis für die ausufernden Telefonate aufbringt. Doch Thorsten fühlte sich mehr und mehr zurückgesetzt.

Klar, Effi war gerne für ihre Chefin da und es sei doch in solch einem Fall keine Frage, dass sie ihr mal das Ohr leiht. Und was soll überhaupt so schlecht daran sein, dass sich die

Arbeitsbeziehung zu einer echten Freundschaft entwickelt, dachte sich Effi. „So einen angenehmen Arbeitsplatz hatte ich noch nie", freute sie sich damals. Auch die kleinen Geschenke und Aufmerksamkeiten seien ja wohl nicht zu verachten. Effi durfte sich einfach so neue Handschuhe von einer italienischen Edelmarke aussuchen. Essenseinladungen ins Restaurant kamen häufig vor. Und dann stand als Höhepunkt des Jahres die gemeinsame Reise der Busenfreundinnen zur großen Modemesse nach Mailand an.

„Das wird super. Wie Urlaub", versprach die Chefin ihrer Angestellten. „Wir lassen es uns richtig gutgehen." Effis Mann war weniger begeistert. Aber was sollte er tun? Effi trat den Städtetrip voller Vorfreude an. Die Anreise mit dem Flugzeug war ein bisschen anstrengend. Spät am Abend erreichten die beiden Frauen ihr Hotel. Sie teilten sich ein Doppelzimmer. Den einzigen Schlüssel bewahrte die Chefin auf. Es war noch so ein klassischer Schlüssel und keine Scheckkarte wie bei vielen Hotels heute üblich. Effi wäre trotz der Müdigkeit vor dem Schlafengehen gerne noch einmal kurz vor die Tür gegangen. Nur für einen Sprung hinaus auf die Straße, etwas die Beine vertreten und in der lauen Nacht die Atmosphäre der Modemetropole in sich aufsaugen. Dann vielleicht noch einen kleinen Drink in der hübschen Bar gegenüber dem Hotel einnehmen und anschließend pronto ins Bett.

Kaum hatte sie ihren Wunsch ausgesprochen, schlug ihr ganz und gar unvermittelt der Zorn der Chefin entgegen. Die knisternde Vorfreude auf einen Abendspaziergang entzündete wie aus dem Nichts einen Hasstiraden spuckenden Vulkan bei der Busenfreundin. Diese fand Effis spontane

Idee offensichtlich nicht ganz so gut, wie sie dann auch ziemlich ausführlich kundtat. Im stickigen Hotelzimmer brannte die Luft und unsere entsetzte Effi sah sich einem nicht enden wollenden Angriff auf ihre Person, ihre Arbeit und ihre Freundschaft ausgesetzt.

„Es war wie ein Schalter, der auf einmal bei ihr umgelegt worden ist", schilderte Effi später mit einiger Zeit Abstand die unwirklich scheinende Auseinandersetzung im Hotelzimmer. Die Chefin sei nicht mehr zu bremsen gewesen. Wie eine Furie ging sie auf ihre einst so überschwänglich geschätzte Mitarbeiterin los und fragte, ob Effi denn immer nur an sich denken könne. Ob da nicht mal ein bisschen Dankbarkeit zu erwarten wäre. Warum Effi denn so hemmungslos auf Kosten des Geschäfts lebe. Ob sie heimlich den Niedergang der Chefin plane. Oder stecke sie mit dem Lebenspartner der Chefin vielleicht im wahrsten Wortsinne unter einer Decke? Wollen die beiden die Chefin loswerden, das Geschäft verkaufen und gemeinsam durchbrennen?

Für Effi soll es in dieser Phase recht schwierig gewesen sein, argumentativ etwas entgegenzuhalten, schilderte sie mir die Situation. Sie hat mehr oder weniger still und konsterniert auf dem Bett gesessen. War das zu fassen? Wie konnte ihre Freundin nur solche absurden Vorwürfe erheben? Das Zimmer verlassen durfte Effi übrigens nicht, weil die Chefin die Tür versperrt und den Schlüssel an sich genommen hatte. Auch Effis Mobiltelefon hat die Chefin konfisziert und seitdem nicht wieder rausgerückt. Effi musste die Anklagepunkte einen nach dem anderen über sich ergehen lassen. Stundenlang ereiferte sich die Chef-Anklägerin, rannte dabei wie eine Furie im Zimmer herum und erhob immer verrücktere Anschuldigungen.

Irgendwie muss es den beiden trotzdem gelungen sein, gemeinsam die Nacht in dem Zimmer zu verbringen, ohne dabei körperlichen Schaden zu nehmen. Was der Vorfall emotional angerichtet hat, das steht allerdings auf einem anderen Blatt.

Am nächsten Morgen, die Chefin war beim Frühstück und die Hotelzimmertür nicht mehr verschlossen, packte Effi hastig ihre Sachen und verließ fluchtartig das Hotel. Mit dem Taxi ging es zum Flughafen. Dort wählte sie in der Telefonzelle Thorstens Nummer und schilderte ihrem Mann völlig aufgelöst in einem recht wirren Gespräch die Horror-Nacht von Mailand. Als Effi nach der Landung daheim am Flughafen Thorsten in die Arme schließen konnte, heulte sie ungehemmt drauflos.

Die Chefin hat gleich nach ihrer Rückkehr aus Italien eine groß angelegte Aufklärungsaktion gestartet, um vermeintlich dunkle Geheimnisse ihrer angehenden Ex-Mitarbeiterin und Ex-Freundin ans Licht zu zerren. Mit den E-Mails und Browserverläufen am Firmen-PC fing es an. Dort hatte Effi etliche Spuren hinterlassen, die nun den Argwohn der Chefin erregten. Effi hat ihr ehemaliges Diensthandy seit dem Mailand-Eklat nicht mehr gesehen. Die Chefin verschaffte sich Zugang zu dem Gerät und spionierte alles aus – sämtliche privaten Kontakte, Mitteilungen und Informationen, die auf dem Smartphone zu finden waren.

Effi fühlte sich beraubt, betrogen, traumatisiert. Darüber hinaus sprach Effi von Stalking. Denn die Chefin suchte mit allen Mitteln den Kontakt. Sie schrieb Dutzende hasserfüllte E-Mails und stand mehrmals unvermittelt vor Effis Haustüre. Als der verstörten Effi die Ausweglosigkeit ihrer Lage klar geworden ist, war die Eskalation schon in vollem Gange. Ihr blieb natürlich nichts als die Kündigung. Die Chefin kam ihr allerdings zuvor und feuerte Effi. Danach war es vorbei und endlich ausgestanden. „Heute geht es mir gut", versichert Effi. Aber nie wieder will sie solch eine Psycho-Nummer erleben müssen.

Auch in weniger irrsinnigen Fällen bleibt die Beziehung zwischen Angestellten und dem Boss immer ein Abhängigkeitsverhältnis. Wenn die Chefin fragt, ob sie ihre Angestellte ins teure Restaurant einladen darf oder es ohne zu fragen einfach macht, dann überschreitet sie eine Grenze. Diese Grenze hat Effis Busenfreundin immer häufiger und immer extremer verletzt; mit den kleinen und größeren Geschenken, mit dem andauernden und ausufernden Kontakt und am Ende mit der halbprivaten Dienstreise. Wann und an welcher Stelle der Beziehung wäre es angebracht gewesen, einfach aber bestimmt nein zu sagen? Wäre die Chefin mit einer Zurückweisung überhaupt einverstanden gewesen und hätte sie mehrere ausgeschlagene Angebote so einfach hingenommen? Sie wollte ihre vermeintliche Freundin ja vermutlich ködern und gefügig machen. Für Effi war es schwer vorherzusehen, dass es zu einer solch extremen Zuspitzung kommen wird. Um eines klarzustellen: Die Chefin litt an einer schweren Persönlichkeitsstörung. Das haben die behandelnden Ärztinnen und Ärzte später diagnostiziert, wie Effi heute weiß. Das Modegeschäft gibt es nicht mehr.

Ihre innersten und intimsten Gedanken und Gefühle hat Effi ihrer vermeintlichen Busenfreundin damals mitgeteilt. „Das hätte ich nie machen dürfen", bedauert Effi. Fünf Jahre lang hat sie in dem Modegeschäft gearbeitet. Klar seien wir im Nachhinein immer schlauer. Aber ein bisschen früher hätte sich die Schläue schon bemerkbar machen dürfen. Nicht erst beim Eklat in Mailand. Es war vergleichbar mit einem Sog, in den Effi geraten ist. Ein Strudel der freundschaftlichen Verbundenheit, der sie am Ende untergehen lässt und immer weiter in die Tiefe zieht. „Ja, das war meine eigene Schuld", wirft Effi einen selbstkritischen Blick auf das Geschehene.

Wobei sich die Schuldfrage gar nicht so einfach beantworten lässt. Denn wir wissen auch, dass es in einer grundfalschen Situation wie in dieser schrägen Beziehung nahezu unmöglich ist, angemessen oder richtig zu reagieren. Der Philosoph Theodor W. Adorno sagte, dass es kein richtiges Leben im falschen gibt. In dem Verhältnis zwischen Effi und ihrer Chefin war vieles falsch und es lief eine ganze Menge echt gewaltig schief. Wie hätte sich die Angestellte unter solchen Umständen stimmig verhalten sollen?

Sicherlich ist es ein schmaler Grat. Arbeit und Freundschaft kann gleichzeitig möglich sein. Doch oft genug lautet der Beziehungsstatus: Es ist kompliziert. Ganz besonders dann, wenn uns die Bosse in die Falle tappen lassen.

3. Der Schein trügt – Vorsicht vor den Fallen der Bosse

Das leidige Thema der Freundschaften am Arbeitsplatz haben wir mehrfach behandelt und erörtert – stets verbunden mit einer appellartigen Warnung, es mit solch einer Verbindung allein aus Selbstschutz vorsichtig anzugehen. Lassen Sie uns noch einen weiteren Aspekt dazu in dem folgenden Kapitel aufgreifen. Dabei erörtern wir explizit die Fragen: Wie viel Kollegialität ist gut? Wann nehmen wir Schaden?

Gemeinsam in den Kletterpark gehen als sogenannte teambildende Maßnahme ist womöglich noch okay. Aber sich mit dem Boss jeden Samstagvormittag zum Joggen verabreden und zwei Mal pro Woche abends mit ihm etwas trinken gehen – führt das dann nicht zu weit?

Mit den folgenden Beispielen möchte ich erneut an Ihre Vorsicht appellieren: Hüten Sie sich vor den Fallen der Bosse! Denn manchmal trügt der schöne Schein. Nett gemeinte Dinge entpuppen sich bei näherem Hinsehen als ausgelegte Schlingen, als gut getarnte Gruben oder Fangnetze, in die wir unbedarft stolpern.

3.1 Die Klönen-Klüngel-Kontroverse

Wie viel Freundschaft verträgt das Team? Befreundete Kolleg:innen treffen sich wahrscheinlich nicht nur bei der Arbeit, sondern auch im privaten Umfeld. Bei diesen Treffen wird – mal mehr und mal weniger – auch über das

Berufliche geredet. Freund:innen tauschen sich eben über dies und das aus. Warum sollte nicht auch die Arbeit thematisiert werden. Unvermeidlich scheint es dabei zu sein, über andere Mitarbeitende zu reden, die bei diesem privaten Freund:innen-Treffen nicht dabei sind.

Der Schauspielerin Audrey Hepburn wird die weise Aussage zugeschrieben: Wer im Mittelpunkt einer Party stehen wolle, der dürfe nicht hingehen.

Was für Partys zutrifft, hat sicherlich auch für private Zusammenkünfte von Arbeitskolleg:innen eine gewisse Gültigkeit. Es wird geklönt und geklüngelt.

Reden ist meistens gut. Jemanden für den Gedankenaustausch zu haben, ihm vertrauen und vorbehaltlos alles sagen zu können – das ist schon eine schöne Sache. Es lässt vielleicht in stressigen Zeiten ein bisschen Druck aus dem Kessel entweichen. Die Gespräche nehmen dann die Funktion eines Korrektivs ein, das die schlimmsten Entwicklungen in einem milderen Licht erscheinen lässt. Reden ist wichtig und kann helfen. Allerdings ist es nicht unbegrenzt als Mittel zu empfehlen, um den Frust loszuwerden. Die Grenzen können schnell verschwimmen. Aus harmlosem Gerede werden Klatsch und Tratsch und danach entwickelt sich das Gespräch hin zu einem deutlichen Lästern. Die Freund:innen schaukeln sich hoch und erheben sich mit ihren Meinungen, Einschätzungen und Urteilen über die anderen Mitarbeitenden. Nichtanwesende werden zum Gegenstand der Betrachtung und womöglich zum Opfer, ohne sich dabei selbst rechtfertigen zu dürfen. Die beiden Lästernden positionieren sich mit ihrem Geschwätz deutlich hinsichtlich der Nichtanwesenden. Sie teilen sich gegenseitig ihre eigene Haltung mit und stimmen diese aufeinander ab. Möglicherweise können sie mit der Abgrenzung und Ausgrenzung der Nichtanwesenden ihre eigene Beziehung festigen.

Es muss dabei natürlich nicht zwangsläufig so zugehen wie bei unserer geistesgestörten Busenfreundin-Stalkerin aus dem vorhergehenden Kapitel. Dennoch dient sie mit ihrem Extremverhalten einmal mehr als ausgezeichnetes Anschauungsobjekt. Um es klarzustellen: Diese gemeingefährliche Chefin steht selbstverständlich nicht als Beispiel für alle Führungskräfte und Menschen in leitenden Positionen. Sie ist hoffentlich eine traurige Ausnahmeerscheinung, die in ihrem beschriebenen geistigen Zustand niemals wieder auf Menschen losgelassen wird und nirgendwo mehr Personalverantwortung erhält. Dennoch gibt es kaum eine geeignetere Darstellerin, um die Klönen-Klüngel-Kontroverse in unserem Buch zu verdeutlichen.

Um das Problem zu verstehen, müssen wir wissen, dass unsere Effi, die ja im vorangegangenen Kapitel weitgehend als das tragische Opfer der bösen Chefin dargestellt worden ist, die Situation lange Zeit nicht durchschaut hatte. Das gab sie ja auch voller Selbstkritik schon zu. Effi hat in ihrer Rolle durchaus profitiert. Sie hat es genossen, mit ihrer Busenfreundin so eng und vertraut sein zu dürfen. In unzähligen Gesprächen haben die Chefin und Effi ihre Positionen ausgetauscht und aufeinander abgestimmt. Aus dem Geklöne erwuchs ein Geklüngel. Effi wurde zum Günstling, erhielt als Dank die volle Aufmerksamkeit, Hingabe und durchaus lukrative Zuwendungen. In dem Modegeschäft, dem

Schauplatz des unheilvollen Geschehens, war Effi nicht die einzige Angestellte. Während Effi hofiert wurde und allerlei Begünstigungen erfahren hat, lebten die anderen beiden Beschäftigten in Tyrannei und ständiger Angst vor Repressalien. In der Regel arbeiteten zwei weitere Angestellte in besagtem Modeladen. Wobei die Personalfluktuation sehr hoch war. Die eine hielt es nur ein paar Wochen aus und musste schnell ersetzt werden, eine andere blieb immerhin zwei Jahre. Alle hatten viel zu ertragen, die Dienstzeit wurde für sie zur Leidenszeit. Sie fühlten sich wie in einer Falle und entkamen durch Kündigung.

Vermeintliche Fehler, die die Angestellten gemacht haben, sind breit und ausführlich von der Chefin und Effi diskutiert und bewertet worden. Wie es heißt, sollen sich die Inhaberin des Ladens und ihre Erfüllungsgehilfin in einen regelrechten Rausch geredet haben. Was die eine nicht wusste, hat die andere gerne beigetragen, um das Bild von der unfähigen Mitarbeiterin zu bekräftigen. Am Abend bei den regelmäßigen Telefonaten wurden eifrig angebliche Argumente gesammelt. Diese ergossen die Chefin und Effi dann am nächsten Tag in einer Flut an Vorhaltungen über die arme, meist nichtsahnende Angestellte, die gar nicht wusste, wie ihr geschah.

Die Freundschaftsanfrage. Freundschaften dienen einerseits dem Zusammenhalt und in diesem Fall gleichzeitig der Ausgrenzung der anderen. Wie ist es bei Ihnen? Haben Sie für sich eine bewusste Entscheidung getroffen, ob Sie mit Ihrer Chefin oder Ihrem Chef befreundet sein wollen? Effi würde Ihnen abraten. Auch wenn Effis traumatische

Erfahrung sicher keine Allgemeingültigkeit für alle Boss-Untergebenen-Freundschaften besitzt, so kann sie dennoch andere warnen und vielleicht vor Schaden bewahren. Doch wird der hehre Vorsatz, eine Freundschaft auf dieser Ebene auszuschließen, in der Praxis womöglich schnell auf die Probe gestellt. Beispielsweise dann, wenn die Facebook-Freundschaftsanfrage auf dem Bildschirm erscheint. Wir wissen, dass die in dem Social-Media-Netzwerk miteinander verbundenen Menschen zwar als Freunde bezeichnet werden, im wahren Leben aber meist so etwas wie flüchtige Bekannte sind. Trotzdem erfordert auch die vermeintlich unbedeutende Freundschaftsanfrage bei Facebook eine Entscheidung, die sich wiederum auf die reale Beziehung auswirken kann. Die Anfrage einfach ignorieren? Das könnte als unhöflich aufgefasst werden. Sie anzunehmen, löst kurzfristig das Problem. Langfristig werde ich aber ständig mit den Inhalten konfrontiert, die meine Führungskraft als Facebook-Freundschaft aus ihrem ach so tollen Leben postet. Möchte ich davon wirklich in meiner Freizeit etwas hören?

Generell stellt sich also die Frage: Wie viel Vermischung zwischen Privatleben und Arbeit lasse ich im Hinblick auf Vorgesetzte und Kolleg:innen zu? Wo ziehe ich die Grenze? Vielleicht ist ein kleines Geschenk zum Geburtstag schon zu viel des Guten. Ob ich die Einladung zum gemeinsamen Urlaub annehme, würde ich mir auf jeden Fall zwei Mal überlegen. Denn das könnte der entscheidende Fehler sein, bevor die Falle zuschnappt.

Die Klönen-Klüngel-Kontroverse kommt nicht immer offensichtlich, sondern oft genug subtil daher. Es ist deshalb ein solch kontroverses Problem, weil die gegenseitige Zuwendung in guter Absicht und verträglichen Dosen ja durchaus gewünschte Effekte hat. Bis zu welchem Grad die Zuwendung noch okay ist und wann daraus eine Zumutung wird, dafür gibt es kein allgemeingültiges Rezept. Alle müssen selbst herausfinden, wo die individuelle Schmerzgrenze liegt. Sorry, ich meinte natürlich der Pain-Point, wie es im Business-Neusprech heißt und womit wir bei unserem nächsten Kapitel wären.

3.2 Das Neusprech-Dilemma

Wie in jeder anderen Beziehung auch, so gibt es im Arbeitsleben klare Anzeichen, dass sich die Menschen auseinanderleben. Oder, dass sie sich aufeinander zu bewegen. Wollen sie zusammengehören, dann teilen sie oft denselben Wortschatz und Zungenschlag. Die Sprache ist ein elementarer Baustein auf allen privaten und beruflichen Ebenen. Sie gilt als wesentlicher Grund, sich einer Gruppe zugehörig zu fühlen.

Das Prinzip kennen Sie vielleicht klassischerweise von dem Rückkehrer, der seit Jahren in der großen Stadt lebt. Anlässlich einer Familienfeier oder eines Schuljubiläums kommt er in seine ländliche Heimat zu Besuch und sofort nach der Ankunft nimmt er wieder den altbekannten Zungenschlag an. Er saugt die Wörter auf und hüllt sich in einen Kokon der einst so verschmähten Begriffe. Denn dieser Kokon verleiht ihm ein Gefühl von Sicherheit. Sprache ist veränderbar. Je nach Situation lässt sie sich variieren.

Ich gebe zu, dass ich mir für mein Arbeitsleben neue Sprechweisen und einen zusätzlichen Wortschatz erschlossen habe. Was ja durchaus sinnvoll erscheint. Eine Profession braucht eben ein professionelles Vokabularium. Im Büro die Sprache oder generell andere Gewohnheiten zu hinterfragen, das ist mir zu Beginn meines Arbeitslebens noch nicht eingefallen. Genau deshalb bin ich naiv in die Falle der Bosse getappt. Nur allzu gerne habe ich so manchen Vorgesetzten nach dem Mund geredet. Feinstes Wirtschaftssprech. Im alltäglichen Business-Talk erfüllt

Neusprech schon lange die schlimmsten Orwellschen Befürchtungen. Für sensible Sprachliebhaber ist sozusagen ihr Level of Tolerance alptraumhaft exceeded. George Orwell hat in seiner Dystopie „1984" beschrieben, wie das totalitäre Regime den geplagten Menschen einen neuen Wortschatz aufzwingt. Ziel ist es, die Untertanen zu kontrollieren und zu manipulieren.

Als mein damaliger Abteilungsleiter zum ersten Mal in den Meetings genannten Besprechungen in jedem zweiten Satz das Wörtchen „proaktiv" eingebaut hat, dachte ich noch, er meint sein Joghurt. Rechts- oder linksdrehend ist egal, Hauptsache proaktiv und gut für die Darmflora. Mit arglosem Blick und offen für originelle Neuschöpfungen wusste ich anfänglich noch nicht, dass mich der Begriff „proaktiv" später derart triggern wird. Verzeihung, ich meine natürlich nicht triggern, sondern „etwas auslösen" oder einen „Schalter umlegen". Ich habe das „proaktiv" also einfach ungefragt übernommen, was ich heute bereue. Ob der Abteilungsleiter sein neues Lieblingswörtchen damals bewusst oder unbewusst so penetrant eingesetzt hat, das weiß ich nicht. Was er damit bei seinen Untergebenen erreicht hat, weiß ich hingegen noch genau: Keiner wollte sich die Blöße geben und dabei die eigene Unkenntnis entlarvend bei ihm nachfragen, was unser Chef denn genau mit „proaktiv" meine. Klar, das Wort muss es natürlich schon immer gegeben haben. Alle taten zumindest so, als sei ihnen das total geläufig. Und die Mitarbeitenden leben und handeln sowieso schon so lange danach. Ich kann mich gar nicht mehr erinnern, wann ich zuletzt im Büroalltag nicht proaktiv gehandelt hätte. Damals schrieb ich proaktiv

Briefe an Kunden und führte proaktive Telefonate, ich habe proaktiv neue Produktfotos anfertigen lassen, proaktiv die Website umgestaltet und habe proaktiv bei der Putzkolonne nach neuen Papierhandtüchern gefragt.

Wenn aktiv sein nicht mehr gut genug ist, dann sind wir eben proaktiv. Nicht zu verwechseln mit hyperaktiv. Und schon gar nicht mit reaktiv. Passiv scheidet naturgemäß völlig aus. Wenn es in unserer Arbeitswelt proaktiv gibt – gibt es dann auch propassiv? Dass ich mich sozusagen mit dem Nichtstun überschlage und in eine Art absolute Stasis versetzt dann völlig unbeweglich am Schreibtisch auf den Feierabend warte – das wäre wohl propassiv.

Es ist wahrlich ein Dilemma, besser gesagt ein Pain-Point, dass ich beim letzten Call mit dem CEO erfahren habe, dass ich asap – also „as soon as possible" – die PS auf die Straße kriegen soll und den Customer proaktiv seinen Benefit generiere. Von Anglizismen geprägtes Newspeak gehört im Business heute eben zu den Soft-Skills. Die Ausdrucksweise ist unter Gleichgesinnten sicherlich nice to have, löst bei mir aber regelmäßig Vomit-Reize aus.

„Der Postillon" hat die sprachlichen Ausrutscher, mit denen wir uns in der Arbeitswelt herumschlagen müssen, sehr treffend persifliert. So berichtete das Satireportal über einen „Human Identity Brand Synergist", der in einer Berliner Agentur selbst nicht wisse, was er in seinem Job tut. Er verbringe seine Arbeitszeit „in Calls und Meetings, learne Learnings, pitche Pitches, entwerfe Strategies und monitore Projektfortschritte der Unternehmens-CI" (Sichermann

2021). Aber niemand könne wirklich sagen, was dabei herauskommt.

Hauptsache ein Titel. Hauptsache er klingt wichtig. Doch eine hippe Tätigkeitsbeschreibung ist eben noch lange keine Garantie für einen erfüllenden Job. Wer Neusprech spricht, der bläht sich, seinen Beruf, seinen Betrieb gerne auf. Neusprech hüllt ein in den verschleiernden Nebel einer modernen Pseudo-Arbeitswelt. Legt sich dieser Nebel, dann schauen wir auf wenig Inhalt, leise umweht von jeder Menge heißer Luft aus den Reden unserer Führungskräfte.

Des Brot ich ess, des Lied ich sing. So lautet ein altes Sprichwort. Ja, meinem Brötchengeber gegenüber bin ich verpflichtet. Ich will mich ihm treu, loyal und nach außen hin aufrichtig zeigen. Einfach schon deshalb, weil es anständiges Verhalten ist. Sein Lied muss ich also singen. Das heißt aber sicher nicht, intern allen nach dem Maule reden zu müssen. Um die Stärken aller Mitarbeitenden für sich zu nutzen, sollten die Bosse stärker die individuelle Ausdrucksweise fördern und mehr sprachliche Vielfalt einfordern. Denn im Gegensatz dazu das immerwährende Office-Kauderwelsch zu forcieren, wirkt am Ende alles andere als professionell, sondern eher so wie unfreiwillige Satire.

Vielleicht sollten wir die Bosse bitten, in diesem Punkt proaktiv vorzugehen.

3.3 Die Zuckerguss-Verschleierung

Bevor jetzt hier der Eindruck entsteht, dass alle Chef:innen eine Reinkarnation des Bösen sind, darf ich entschieden widersprechen. Nun gut, nicht zuletzt der Titel dieses Buches könnte in der Tat zu der Annahme verleiten, dass Blödheit den Bossen generell zu eigen ist. Jedoch habe ich durchaus auch die Sorte Führungskraft erleben dürfen, die sich einsetzt für ihre Mitarbeitenden, die menschlich und moralisch einfach ein Vorbild ist. Über den guten Chef erzähle ich später gerne mehr. Zunächst wollen wir uns den Bossen widmen, die mit voller Absicht nur so tun, als wären sie menschlich und moralisch ganz vortrefflich. Bei näherem Hinsehen fällt jedoch auf, dass sie manipulieren und geschickt verschleiern, indem sie sinnbildlich ihre bitteren Entscheidungen mit süßem Zuckerguss überziehen. Untergebene, die sich abhängig machen von der Wertschätzung ihrer Bosse, sind für diese subtile Erziehungsmethode besonders anfällig.

Das Schändliche könnte nicht existieren, wenn es nicht auf der anderen Seite auch das Gute gäbe. Wobei naturgemäß kein Mensch alleine nur schlecht oder nur gut sein kann. Das hat nicht einmal Darth Vader geschafft. Jetzt ist der Büroalltag zwar kein Sciencefiction-Drama. Sternenkrieger tragen keine Nadelstreifen. Der Arbeitsalltag ist trotzdem Krieg, glauben so manche zynischen Menschen. Alleinherrschende aus den Leitungsetagen führen ihren Hofstaat wie der kleine Diktator. Wenn auch Sie glauben, dass die dunkle Seite der Macht Ihren Betrieb oder Ihre

Arbeitsorganisation regiert und im Vorstand Figuren wie der böse Imperator und seine willfährigen Vollstrecker eine Schreckensherrschaft ausüben, dann darf ich Sie herzlich dazu einladen, sich einmal deren gute Seiten und positiven Eigenschaften bewusst zu machen. Ganz einfach ist das nicht, das gebe ich zu. Obwohl sie es gut verbergen – sogar die meistgehassten Bosse haben bestimmt so eine Inselbegabung, die sie im Alltag irgendwie nett erscheinen lassen.

Dazu möchte ich Ihnen eine kleine Geschichte von meiner Nachbarin Dunja erzählen. Dunja arbeitet im Vertriebsinnendienst einer Versandhandelsfirma und berichtet mir hin und wieder von ihrer unbeliebten Vorgesetzten. Wenn es stimmt, was Dunja sagt, dann hat sie als Untergebene wenig zu lachen. Es gibt strikte Terminvorgaben, immer mehr Druck und einen regelrechten Kontrollzwang. Selbst kleinste Handgriffe werden von der Chefin überprüft. „Das wirkt auf uns so, als würde sie uns gar nicht vertrauen", klagt Dunja. Darüber hinaus lässt die Chefin oft unflätige Ausdrücke fallen, bei denen ich sogar ein bisschen rot angelaufen bin, als Dunja sie in den Mund genommen hat. Nur so viel: Es geht um anatomische Bezeichnungen, auf die ich in diesem Buch nicht detaillierter eingehen will. Bei dem Vokabular der Vorgesetzten würde wohl jeder Bierkutscher oder meinetwegen Seemann verdutzt bis verschämt reagieren. Für Dunja gehört die Ausdrucksweise zwangsweise zum Büroalltag.

Meine Nachbarin muss sich von ihrer Abteilungsleiterin zwangsläufig so einiges anhören. Die Leiterin kam vor nicht allzu langer Zeit neu in den Betrieb und ist in vielen Punkten mit ihrem autoritären Führungsstil das Gegenteil ihrer

Vorgängerin. Letztere war verständnisvoll, denn sie kannte die anderen Kolleginnen und Kollegen sehr gut. Die alte Chefin war aber auch eine wenig entscheidungsfreudige Aussitzerin und ist so gar nicht in die Pötte gekommen. Nach dem Laissez-faire-Prinzip ließ sie alle Mitarbeitenden schalten und walten, wie sie gerade Lust dazu hatten. Die ehemalige Führungskraft war eben eine Gleiche unter Gleichen. Sie hatte dieselbe Arbeit zu erledigen wie alle in der Abteilung und musste zudem ständig zwischen Belegschaft und der Geschäftsführung vermitteln. Dadurch hat sie sich aufgerieben und irgendwann ist sie sozusagen gegangen worden. „Die Neue ist jetzt nur noch Leiterin und macht den ganzen Tag nichts anderes", erzählt Dunja. Damit ist die Organisation nun deutlich straffer und Abläufe funktionieren plötzlich.

Den Mitarbeitenden klingen zwar manchmal die Ohren wegen der Kraftausdrücke. Aber es sind auch positive Auswirkungen spürbar. Wünsche, die früher ignoriert worden sind, werden plötzlich erfüllt. Neue Diensthandys? Kein Problem, sind schon bestellt. Ein moderneres Kopiergerät? Klar, warum nicht. Und auch vermeintliche Kleinigkeiten wie eine zusätzliche Speicherkarte oder ein Fachbuch sind schnellstens bestellt und geliefert – in vielen Fällen noch bevor die offizielle Anforderung von den Mitarbeitenden überhaupt gestellt worden ist.

Manchmal bringt die vulgäre Chefin sogar Kuchen mit in die Teambesprechung. Das Arbeitsleben könnte so schön sein. Alles in allem sind sich Dunja und ihre Kolleginnen aber einig, dass es mit der neuen Leiterin leider gar nicht funktioniert. Der Vorteil, dass sie schnell Material besorgen kann und geschwind agiert, wird am Ende doch zu einem Nachteil, weil sie Hals über Kopf vermeintliche Lösungen parat hat. Sie entscheidet sofort. Dabei gern auch ohne Hirn und Verstand. Was ihr nicht in den Kram passt, wird rigoros abgebügelt.

Ihre Unüberlegtheit hat die Chefin während einer krisenhaften Zuspitzung der Arbeitsbedingungen einmal mehr bewiesen. Da half auch der Kuchen nicht groß weiter. Als viele Mitarbeitende krankheitsbedingt ausgefallen sind, die Aufgaben überhandgenommen haben und die Lage immer unerquicklicher wurde, konnte die Chefin auch mit noch so viel Zuckerguss die Stimmung nicht mehr beruhigen. Ihre kleinen Gefälligkeiten und Verbesserungen täuschten am Ende nicht mehr länger über das Kernproblem hinweg. Die Verschleierung flog auf und taugte nicht länger. Und die Leiterin zeigte dann leider wieder ihr wahres Gesicht, das sie in ruhigeren Zeiten hinter der Fassade häufiger verbergen konnte.

Meine zentrale Frage lautet daher: Sind die Chefinnen und Chefs wirklich nett oder verkaufen sie ihre unmögliche Art mit Zuckerguss obendrauf, um sie uns schmackhaft zu machen? Wenn ich bei der Beantwortung der Zuckerguss-Frage merke, dass mein Boss mich im Grunde hinters Licht führt und unter der dünnen süßen Schicht nur eine gallbittere und schwerverdauliche Pampe steckt, dann drängen sich weitere Fragen auf, die einer Antwort bedürfen: Wie kann ich es schaffen, mit der Pampe klarzukommen? Lässt sich etwas verändern, um die Pampe genießbarer machen? Mit welchen Zutaten wäre diese Veränderung möglich?

Und wenn sich nichts verändern lässt: Was sind die Konsequenzen, die ich daraus ziehe?

So wie Dunja mit der unflätigen, aber ausdrucksstarken Zuckerguss-Chefin leiden viele andere Menschen unter einem Boss des Grauens oder sie tappen in die Fallen der Führungskräfte. Die gravierenden Probleme ziehen sich womöglich über Jahre oder sogar Jahrzehnte hin. Den entscheidenden Schritt zu tun und den Hass-Job einfach hinschmeißen – wie oft haben die Betroffenen davon geträumt? Doch wenn sie mal wieder so weit sind und kurz vor dem Kündigen stehen, dann setzt sich in ihrem Kopf ein Gedankenkarussell in Gang.

Das Gedankenkarussell geht in etwa so: Dunja löst die Fahrkarte und steigt ein. Nach einer Viertelumdrehung hat sie schon jede Menge Gründe gefunden, die gegen das Hinschmeißen des Hass-Jobs sprechen. Der ursprüngliche Mut ist verflogen, es folgen Angst, Selbstzweifel und die Relativierung der Gesamtsituation.

Im Laufe der Karussellfahrt kommen Dunja die fünf großen Aber in den Sinn:

Aber ich brauche doch das Geld.
Aber ich kann doch nicht einfach kündigen ohne Alternative.
Aber ich hatte doch auch eine ganz gute Zeit in dem Job.
Aber es ist ja nicht alles schlecht.
Aber in einem anderen Job ist es bestimmt auch nicht viel besser.

Nach ihrer Karussellrunde befindet sich Dunja wieder genau dort, wo sie eingestiegen ist.

Bosse, die die Zuckerguss-Verschleierung beherrschen, halten das Karussell ihrer Mitarbeitenden immer am Laufen. Mit leckerem Zuckerguss und schwerverdaulicher Pampe. Das bekannte Bild von Zuckerbrot und Peitsche passt übrigens genauso.

Die Zuckerguss-Verschleiernden zeigen sich kreativ. Eine Methode, mit der sie ihre Mitarbeitenden bei Laune halten, ist die In-Lob-verpackter-Tadel-Masche. Über den grünen Klee, wie es so schön heißt, lobte der Chef einer Fachbehörde vor der versammelten Belegschaft die junge Abteilungsleiterin. Diese Aktion habe ich damals als Beobachter miterlebt und ich erinnere mich, davon peinlich berührt gewesen zu sein. Auch der Abteilungsleiterin war das Lob recht unangenehm und sie rutschte verlegen auf ihrem Stuhl hin und her, als ihr Chef in der Besprechung zu den salbungsvollen Worten griff. „Unsere Frau Müller, was sollten wir nur ohne Sie machen? Sie sind so tüchtig und wir sind echt so froh, weil wir wissen, dass das Projekt in keinen besseren Händen sein könnte als in den Ihren. Wenn Sie dann bereit sind und die Einarbeitung abgeschlossen ist, dann sind wir so gespannt auf die ersten Resultate. Die werden uns mit Sicherheit gut voranbringen."

Was zuerst kaum jemand registrierte: In dem vermeintlich überschwänglichen Lob war durchaus ein Stück weit Tadel mit eingeflochten. Mitarbeiterinnen, die schon längere Zeit in der Fachbehörde ihren Dienst taten, bestätigten danach meine Vermutung. Der Tadel des Chefs bestand darin, dass er der Kollegin vorwarf, zu langsam zu sein. Gespannt zu sein auf die ersten Resultate bedeutete im Klartext: Es wird Zeit, dass es endlich mal vorangeht; wie lange sollen wir noch zuschauen, bis Sie endlich eingearbeitet sind?

Die von ihrem Chef gelobte Abteilungsleiterin war vergleichsweise jung. Das Alter scheint ein durchaus relevanter Faktor beim Umgang mit Vorgesetzten zu sein. Wem die Erfahrung im Berufsleben fehlt, kann vielleicht noch gar nicht so gut abschätzen, wie in schwierigen Situationen zu reagieren ist. Die Gefahr besteht, dass besonders junge, gutgläubige, leistungsbereite Mitarbeitende auf dreiste und subtile Art ausgenutzt werden.

In unserem Beispiel wusste der Amtsleiter ganz genau, wie er die Frau Müller antreibt und gleichzeitig manipuliert. Die junge Kollegin besitzt Karriereambitionen und will sich entsprechend in ihrer Position beweisen. Vor lauter überschwänglichem und zuckersüßem Lob, das sie in der Besprechung ganz unvermittelt von ihrem Chef erhalten hat, vergaß sie, worauf sie eigentlich hinweisen wollte: Ihr Projekt wird mit den zur Verfügung gestellten Mitteln nur schwer umsetzbar sein.

Doch Frau Müller wurde vom cleveren Amtsleiter vorher schnell aufs Podest gehoben. Dort oben konnte sie nun ganz schlecht ihre Kritik äußern. Denn wie sähe das denn aus? Ein bisschen Dankbarkeit kann der Chef für seinen Zuckerguss ja wohl noch erwarten.

3.4 Die Zöglinge-und-Lakaien-Falle

Wie verheißungsvoll doch die Versprechungen klingen. Unter mir kannst du was werden. Wer vom aktuellen Boss eingestellt und befördert und entsprechend protegiert worden ist, der hat es gut erwischt. Chefinnen und Chefs lassen sich ihre Personalentscheidungen gerne bestätigen und suchen deshalb im Berufsalltag nach Gründen, warum genau die Richtigen befördert worden sind. Insofern haben all jene, die der entsprechenden Führungskraft ihre Karriere zu verdanken haben, nicht nur die bessere Stellung im Vergleich zu den anderen Mitarbeitenden, sondern womöglich auch mehr Narrenfreiheit und ein leichteres Leben. Das funktioniert solange ganz gut, bis der Boss abgelöst wird. Das kann viel schneller gehen, als einem lieb ist. Die Halbwertszeit wird auf den Schleudersitzen der oberen Etagen recht knapp bemessen. Kommt ein neuer Boss, dann finden sich die alten Zöglinge plötzlich auf dem Abstellgleis. Wer nicht rechtzeitig mit dem oder der Ex die Kurve kratzt, der muss sich das Vertrauen im Betrieb erst wieder erarbeiten. Blöd, wenn einem der Makel anhaftet, besonders eng mit dem oder der Geschassten gewesen zu sein. Der neue Boss auf dem Thron sucht sich lieber wieder andere Lakaien. Die Auserwählten zeigen sich dankbar und müssen ergeben sein, weil ihr eigener Aufstieg von der Karriere der Führungskraft abhängt. Und so geht das Spielchen immer weiter.

Das Prinzip ist etabliert und wohlbekannt. Trotzdem will ich es an dieser Stelle explizit erwähnen, weil es oft genug zu Schwierigkeiten führt. Es handelt sich um ein

Spielchen, in dem die Belegschaft gegeneinander aufgebracht wird. Alle gegen alle eben. Mögen sich die besseren, effizienteren, rücksichtsloseren Zöglinge und Lakaien durchsetzen.

Die Lösung: Keiner will was werden. Es gibt eingeschworene Gemeinschaften, regelrechte Kollektive. Und zwar auch dort, wo wir es kaum vermuten würden – in der Beamtenschaft. Ein Beispiel dazu stammt von einem seit längerer Zeit pensionierten Lehrer, der mir seine Geschichte anvertraut hat. Er war fast sein ganzes Berufsleben hindurch an derselben Bildungseinrichtung beschäftigt. Manche seiner Kolleginnen und Kollegen kannte er schon aus dem Studium. Es war eine feste Clique. Und niemand konnte denen was. Mehrere Direktorinnen und Direktoren haben sie auf diese Weise erlebt und regelrecht verschlissen. Wenn eine neue Führungskraft kam, hat sich niemand in der Stammbelegschaft als Zögling aufgedrängt. Alle waren sich einig, dass sie auf ihrer Stufe bleiben wollen und die Gemeinschaft wichtiger ist als der persönliche berufliche Aufstieg.

Jedes Mitglied der Lehrer:innen-Clique ist über die Jahre bei der Besoldung nach oben gewandert. Das hat ihnen Sicherheit gegeben. Selbst die Führungsaufgaben übernehmen? Mehr Verantwortung für Personal tragen? Wozu eigentlich? Ein Wettkampf der Kolleg:innen, um im Kollektiv aufzusteigen und ein bisschen wichtiger als die anderen zu werden, fand einfach nicht statt. „Wir sind nicht die Karrieretypen gewesen", hat mir der Lehrer erklärt. „Mit Ellbogenmentalität nach oben kommen? Sicher nicht mit uns."

Damit stellt sich einmal mehr die Frage, ob freundschaftliche Kollegialität und Führungsansprüche womöglich gegenläufige Ziele sind. Kann ich ein guter Kollege bleiben, wenn ich personalverantwortlich für meine Ex-Kolleg:innen bin und zudem weisungsbefugt?

Was motiviert einen Menschen eigentlich dazu, die Position des Status quo freiwillig aufzugeben und sich in der Organisationsstruktur nach oben zu orientieren? Immer höher, immer steiler bergauf. Es könnte das Streben nach Selbstverwirklichung sein. Ruhm, Geld, gesellschaftlicher Aufstieg sind starke Motivationsgründe. Vielleicht geht es darum, mit dem Vorwärtskommen sich selbst oder anderen etwas zu beweisen.

Warum wird jemand zur Führungskraft? Es könnte auch einfach daran liegen, dass sie oder er besonders gut führen kann. Wir gehen in diesem Buch ja tendenziell davon aus, dass es den Bossen auf durchaus vielfältige Weise gelingt, eine oder meist mehrere Dummheiten an den Tag zu legen. Doch mit großer Sicherheit gibt es nicht nur die schwachen Führungskräfte, sondern auch die richtig starken. Wer dazu geboren ist, anderen eine Anführerin oder ein Anführer zu sein, der soll es, ja der muss es bitteschön auch machen.

Trotzdem wird selbst die begabteste Führungskraft, die in einem System arbeiten muss, in dem sich Zöglinge und Lakaien um die besten Plätze in der Hierarchie kloppen, recht schwer haben. Im Idealfall freut sich höchstwahrscheinlich jenes Team über die größten Erfolge und über das beste Betriebsklima, in dem jedes Mitglied kollegial denkt und die bestmögliche Kooperation anstrebt.

Was ist Kooperation? Kooperation bedeutet in der Personalpsychologie nicht nur die Zusammenarbeit innerhalb des Teams und zwischen den Abteilungen. Weiterhin gibt es Kooperationen jeweils zwischen einzelnen Personen wie beispielsweise zwischen Führungskraft und Mitarbeiter (Regnet 2007). Ein Konflikt lasse sich als die Kehrseite der Kooperation betrachten, schreibt Erika Regnet. Ein interpersonaler Konflikt könne dort entstehen, wo Menschen miteinander agieren, die Ziele verfolgen, die nicht gleichzeitig zu realisieren sind. „Der Konflikt ist in diesem Sinne die nicht gelungene Kooperation." (Regnet 2007, S. 2)

Vielleicht gibt es auch beides gleichzeitig: ein Miteinander und ein Gegeneinander. Wieviel Egoismus verträgt ein Team? Es ist sicherlich schwierig, auf der einen Seite zusammenzuarbeiten und auf der anderen gegeneinander in Konkurrenz zu treten. Es braucht eine Vereinbarung.

Im Falle unseres Lehrers und seines Kollegiums lautete die ungeschriebene Vereinbarung, dass sie sich als Einheit verstanden haben. Sie hielten stets zusammen, obwohl ihnen neue Schulleiterinnen und Schulleiter vor die Nase gesetzt worden sind. Vielleicht haben sie auch deshalb so stark ihr Miteinander beschworen, weil diese Leitenden kamen. Das hat die Bereitschaft zum Zusammenhalt in der Gruppe noch gesteigert. „Ja, ja, die guten alten Zeiten", schwärmt der Pensionär. Schon fraglich, ob es so etwas heute überhaupt noch gibt, sagt der Ex-Lehrer. „Die Egoisten merken doch gar nicht, wie sie sich als Zöglinge und Lakaien anbiedern und wie sie dabei in die Falle tappen." Wer tue sich so etwas freiwillig an? Was sind das für Leute, die ernsthaft glauben, dass sie glücklicher, erfolgreicher oder was auch immer sind, wenn sie die mittlere Leitungsebene erreichen?

Ich kann dem Ex-Lehrer, der in seinen Ausführungen wie ein altersweiser Berufsweltanalytiker daherkommt, nur zustimmen. Denn ich erinnere mich an mehrere meiner ehemaligen Kolleginnen und Kollegen, die als Führende und gleichermaßen Geführte zwischen den Ebenen regelrecht zerrieben worden sind. Eine Ex-Kollegin, ich nenne sie Biggi, hatte sich ihren ungewöhnlich schnellen Aufstieg in der Abteilung als Zögling des neuen Chefs gesichert. Buckeln nach oben und treten nach unten. So lautet das altbekannte Credo im mittleren Management. Die ehemalige Kollegin war ungefähr in meinem Alter und ursprünglich auf derselben Gehaltsstufe. Nachdem sie vom neuen Boss zu seiner Stellvertreterin ernannt worden ist, was besonders für die altgedienten Mitarbeitenden doch recht überraschend kam, hat sie plötzlich ihren Tonfall nicht nur mir gegenüber verändert. Biggi erteilte schroffe Anweisungen, reagierte immer öfter genervt und kurz angebunden. Sie nahm ihre neue Rolle in der mittleren Führungsebene richtig ernst. Mit sanftester Stimme umflötete sie den Boss, dem sie ihren Blitzaufstieg zu verdanken hatte. Für uns Untergebene hatte sie nur bellende Kommandos übrig.

In der Sandwich-Position. Die stellvertretende Chefin fühlte sich stark, sicher und unangreifbar in ihrer Position. Eine sogenannte Sandwich-Position war das. Denn die Mittel-Managerin fand sich zwischen dem oberen und dem unteren Brötchendeckel eingeklemmt. Irgendwo zwischen schmieriger Sauce, labbrigen Tomaten- und Gurkenscheiben und ziemlich viel Käse musste sie ihre Rolle als mehr oder minder schmackhafte Zutat finden. Dass sie dort in der Falle sitzt, kam ihr wohl recht spät in den Sinn. Sie verscherzte es sich mit den meisten Kolleginnen und Kollegen. Das war insofern unpraktisch, weil sie eigentlich deren Rückhalt gebraucht hätte. Denn der Boss war nämlich recht schnell wieder verschwunden. Seine Stellvertreterin hing ohne ihn in der Luft. Sie allein konnte den Laden nicht organisieren und es häuften sich die Fehler. Es war traurig, denn auf die Bereitschaft zur Kooperation, die sie nach ihrem Aufstieg einseitig aufgekündigt hatte, konnte sie nun bei den Mitarbeitenden nicht mehr zählen. So kam es, dass sie kurze Zeit nach dem Boss ebenfalls gehen musste.

Was können wir daraus lernen? Lass dich nicht zum Zögling machen! Wenn du doch Zögling wirst, dann setze umso mehr auf Kooperation! Es gibt durchaus die positiven Beispiele, die in der mittleren Führungsebene glänzen und die Aufgaben in ihrer Sandwich-Position mit Bravour meistern. Oben schimpft der Oberboss und macht Druck. Unten hadern die Kolleginnen und Kollegen mit den Entscheidungen und sie formulieren ihrerseits Forderungen. Es allen dabei recht zu machen, wird wegen der gegenläufigen Interessen wohl selten gelingen. Wer zur Heldin und zum Helden der Arbeit werden will, der muss damit leben können, dass sich die Anweisungen von oben und das eigene Handeln hin und wieder diametral gegenüberliegen. Einfach mal ausscheren – unerschrocken und ungehorsam – warum eigentlich nicht?

4. Held:innen der Arbeit – Unerschrocken und ungehorsam

Märchen, Filme und Serien sind voll davon. Was macht generell Heldinnen und Helden aus? Sie müssen wohl mindestens eine tapfere Tat vollbringen. Tun sie das regelmäßig mit Hilfe ihrer besonderen Kräfte, dann erhalten sie das vorangestellte Prädikat „Super". In der Arbeitswelt ist es manchmal schon super genug, die nächste Wochenbesprechung heil zu überstehen.

4.1 Die Horrorfilm-Konstante

Angst passt eigentlich nicht ins Heldenepos. Sie gilt als schlechter Ratgeber. Fast jeder würde die These unterschreiben, dass Angst nach Möglichkeit vermieden werden sollte, weil sie einfach furchtbar ist. Sogar übelst schlecht. Brechreiz und Magenkrämpfe werden unter anderem von ihr ausgelöst. Einer meiner ehemaligen Kollegen könnte als Fallbeispiel dienen und der medizinischen Forschung den Zusammenhang zwischen Angst und körperlicher Reaktion eindrucksvoll beweisen. Ich habe Max damals als einen netten, zuvorkommenden Menschen empfunden. Er war ein gemütlicher Typ mittleren Alters, zeigte sich immer hilfsbereit und ihm kam höchst selten mal ein böses Wort über die Zunge. Allerdings hatte er das Problem mit der Übelkeit. Am schlimmsten erwischte es ihn stets vor den Wochenbesprechungen, die im großen Kreis stattfanden samt Chef und den Leitungskräften der Abteilungen. Schon

Tage vorher hatte er sich mit der zu erwartenden Tagesordnung beschäftigt. Seine größte Hoffnung war, dass die Sitzung diesmal ausfällt. Aber sehr zum Leidwesen meines Kollegen ist der Termin nur selten gestrichen worden.

Ob es denn unbedingt sein müsse, dass die strittige Frage vom letzten Mal wieder besprochen wird, wollte er von mir wissen. Ob denn das Prozedere diesmal nicht ein bisschen beschleunigt werden könne. Für Max war die Zeit, die er am großen Tisch im Besprechungsraum verbringen musste, ein wahrer Graus. Deshalb war er für jede Minute dankbar, um die die Sitzung verkürzt werden konnte. Gleich zu Beginn meldete er sich immer freiwillig als Protokollant, damit das bei allen Teilnehmenden eher unbeliebte Amt schnell vergeben war. Max ging nach der Devise vor: nur kein Streit, keine Verzögerungen, nur geschwind raus hier.

Natürlich kam es fast immer zu einem gepflegten Disput. Und wenn sich die um die Gunst des großen Chefs streitenden Abteilungsleiterinnen und Abteilungsleiter erst richtig in die Wolle gekriegt hatten, dann dauerte so ein bühnenreifes Kammerspiel schon mal mehrere Stunden.

Ungeniert offene Misstöne. Man muss dazusagen, dass die Stimmung in diesen Sitzungen schon von Grund auf gereizt war. Das lag besonders am Chef. Er hatte seine Emotionen nur ganz schwer im Griff. Wie aus dem Nichts zeigte er regelmäßig seine gefürchteten Ausbrüche. Die nach oben buckelnden und nach unten tretenden Mitglieder der mittleren Führungsebene wollten sich in der Sitzung die Gunst des großen Chefs erschleimen. Max war zusammen mit mir und einigen Kolleginnen sozusagen als

Zuarbeiter mit am Tisch. Wenn ich Max gegenübersaß und ihm ins Gesicht schaute, dann sah ich ihm an, wie er litt und wie es ihm regelrecht den Magen umdrehte. Es gab in den Besprechungen viele Misstöne, die ungeniert offen vorgetragen wurden oder – meist noch viel schlimmer – subtile Untertöne, die andere Anwesende mit voller Absicht in ein schlechtes Licht rücken sollten. Max hatte keinen Schutzschirm. Die vielen Nickeligkeiten ließen ihn verzweifeln, auch wenn sie ihn als Person gar nicht betrafen. Wurden jedoch er selbst oder seine Arbeit Ziele eines Angriffs, dann war er als hoffnungsloser Nichtschwimmer im Haifischbecken überhaupt nicht mehr zu retten.

Es ist in der Arbeitswelt nicht anders wie im Horrorfilm. Die Angst ist eine der Konstanten. Sie macht die einen angreifbar und verletzlich und diejenigen, die davon profitieren, immer größer und mächtiger. Der Dämon, die Ausgeburt der Hölle, lebt von der Angst seiner Opfer. Je mehr Schrecken er verbreitet, desto stärker kann er sich an der Verzweiflung seiner Opfer laben. Wer im Horrorstreifen dem Dämon trotzen und überleben will, der muss den Spieß umdrehen.

Ganz ähnlich lief es in dem Grimmschen Märchen „Von einem, der auszog, das Fürchten zu lernen". Darin können die schauderhaftesten Spukgestalten dem Helden nicht den Hauch eines Schreckens einjagen. Egal, welches Geisterbahn-Klischee sie sich auch einfallen lassen – mit ihrer Hui-Buh-Nummer machen sie dem Hauptprotagonisten keine Angst, dafür sich selbst aber ziemlich lächerlich.

Die Angst riechen. Im alltäglichen Büro-Horror blieb unser Max leider weiterhin das Opfer. Er hat es mit Kamillentee versucht und später mit Magentropfen, um gegen seine Übelkeit anzukämpfen. Gebracht hat es nichts. Jeder konnte seine Angst riechen. Was vielleicht auch nicht besonders schwer war, denn seine Hemden, bei denen er zarte Blautöne bevorzugte, hatte er meist schon vor Beginn der unglückseligen Besprechungen von oben bis unten durchgeschwitzt. Wie sehr hätte ich ihm gewünscht, dass die Angst an ihm abperlt. Wenn ihm doch nur jemand erzählt hätte, dass Angst ein schlechter Ratgeber ist. Damit er auch mal mit der Faust auf den Tisch haut, dem Chef die Aktenordner vor die Füße knallt und wutentbrannt aus dem Raum rennt und dabei die Tür hinter sich zuknallt. Aber Max war eben anders. Und das war sein feinster Zug. Jedes Unternehmen könnte froh sein, so eine treue Seele wie Max zu haben. Er würde nicht im Traum daran denken, zu kündigen und zur Konkurrenz zu gehen. Er weiß, was Loyalität bedeutet.

Max hat es sich nicht ausgesucht. Dass die Angst kein guter Ratgeber ist, das weiß er selbst. Aber es ist nicht so einfach, die Entscheidungen frei von Furcht zu treffen. Dazu gehört zuerst Mut, dann braucht es andauerndes Training. Wichtig ist es, die Konfrontation auszuhalten und sich nicht alles von der Angst diktieren zu lassen. Wir sind den Emotionen, die wir empfinden, nicht unbedingt schutzlos ausgeliefert. Wer sie bewusst wahrnimmt und sie zulässt, der lernt im besten Falle, damit umzugehen.

Die passive Vermeidungsstrategie, mit der Max versucht hat, bei der Besprechung Woche für Woche mit heiler Haut und möglichst unverletzter Seele aus der Nummer herauszukommen, hat nicht funktioniert. Stattdessen wurde alles nur noch viel schlimmer.

Es klingt jetzt für Sie vielleicht besserwisserisch und ich gebe zu, dass mir selbst die folgende Problemlösung oftmals leider gar nicht gelingt. „Was will der Oberlehrer von mir?", fragen Sie an meine Adresse gerichtet. Sicherlich ist es so, dass alle ihre eigene Strategie entwickeln sollten, um mit Ängsten umzugehen. Aber im Falle unseres Max glaube ich schon, zumindest eine Idee für die Krisenbewältigung zu haben: Max könnte aufhören, seine Gedanken bereits Stunden und Tage vor der Wochenbesprechung um diese unangenehme Sache kreisen zu lassen. Er steigert sich sonst hinein und wird damit nie mehr glücklich. Was mir schon oft geholfen hat: Wenn ich aktiv werde und selbstwirksam etwas gegen das Problem unternehme.

Vielleicht ist es in unserem Fallbeispiel ratsam, das Gespräch zu suchen. Max könnte alle Sitzungsteilnehmenden in einer persönlichen Aussprache auf sein Problem hinweisen und um Rücksicht bitten. Bei anderen Betroffenen funktionieren Atemtechniken und Entspannungsübungen. Gewalt ist keine Lösung, aber wenn dich der Job penetriert und dir die Gedanken daran den Schlaf rauben, dann kann ich es verstehen, wenn auch friedfertigste Mitarbeitende mal zurückpenetrieren.

Kaltes Wasser, kleine Fische. Der junge Märchenheld, der ausgezogen war, das Fürchten zu lernen, hat seinen Lehrmeister am Ende auch gefunden. Was den Geistern versagt war, hat seine zukünftige Frau schließlich geschafft.

Ihr ist es gelungen, dem Helden mittels einer vermeintlich simplen Aktion jede Menge Grusel, Angst und Schrecken beizubringen. Sie kippte ihm nachts einen Eimer mit kaltem Wasser und kleinen Fischen darin ins Bett. Der Held konnte fortan die Angst als Konstante akzeptieren. Selbst dem Furchtlosesten kann sie widerfahren. Die Kunst ist der gute Umgang damit.

Ich wünsche Max, dass er es auf seine Weise lernt, ein bisschen mehr wie der unerschrockene Märchenheld zu werden. Ob er seinen Job hinschmeißt – diese Option bestünde ja schließlich auch noch –, das glaube ich eher nicht. Denn seine Angst vor dem Ungewissen ist wohl zu groß. Dann lieber weiter in der Tretmühle des Horrors auf die Rente warten. Armer Max.

Es ist leichter gesagt als getan. Aber ich habe mich entschieden, mit Max als warnendem Beispiel vor Augen, künftig nur noch konsequent zu sein: Wenn die Arbeit wie ein Horrorfilm erscheint, dann werde ich mich meiner Angst stellen und zum unerschrockenen Helden werden.

4.2 Die Bond-Picard-Challenge

Souverän wie James Bond in allen Lebenslagen. Überschwänglich und mit einem wachen Geist wie die bezaubernde Anne of Green Gables. So stark wie Pippi Langstrumpf. Nicht totzukriegen wie John McClane. Oder unbeugsam wie Jean-Luc Picard. Die Liste ließe sich unendlich lange fortsetzen. Heldinnen und Helden aus Filmen und Serien füllen dann doch recht selten die Rolle von braven Angestellten aus. Mitarbeitende, die immer nur brav pflichterfüllend die Anweisungen und Befehle ihrer Bosse befolgen, haben schlicht und einfach nicht das Format für den großen Bildschirm. Warum gibt es wohl so wenige Filme über prinzipienreitende Sesselfurzer:innen? Wir lieben die Tragödie und die Komödie. Darin kommt es klassischerweise zu Konflikten, zu schicksalhaften Verstrickungen, die nach einer Lösung rufen. Das Besondere scheint für das Theater und für unsere fiktionalen Fernseh- und Kinowelten gerade gut genug. Sollten Normalos vorkommen, dann müssen sie über sich hinauswachsen, etwas Originelles tun und dabei besonders ein wiederkehrendes Muster befolgen: ungehorsam sein.

Keine Ahnung, ob jemand mitgezählt hat, wie viele direkte Befehle der Admiralität der souveräne Captain Picard im Star-Trek-Universum schon bewusst missachtet hat. Das passiert nicht nur bei Picards nächster Generation. Ob in der klassischen Enterprise-Serie, bei allen darauffolgenden Crews und ebenso bei den jüngsten Weltraum-Abenteuern – das Prinzip ist eigentlich immer dasselbe. Respekt gebührt den Autorinnen und Autoren. Sie schaffen es stets aufs Neue, die Konstellationen und Hauptfiguren so zu arrangieren, dass ich als Zuschauer vor Spannung den Blick nicht mehr abwenden kann.

Schon klar, wir sind keine Superhelden. Ist mir öfters aufgefallen beim Filme- und Seriengucken. In eineinhalb Stunden passiert bei James Bond mehr als bei mir in zehn Jahren. Manchmal frage ich mich, warum mein tägliches Produktivitätslevel schon wieder erschöpft ist – dabei habe ich gerade einmal das Aufstehen, Zähneputzen und Kaffeekochen erfolgreich hinter mich gebracht. Es gibt viele solcher Tätigkeiten, die in der Bruttolebensbilanz eines Helden gar nicht auftauchen. Ich kann mich jedenfalls nicht erinnern, James Bond schon mal längere Zeit auf der Kloschüssel oder beim Herumhantieren in der Küche beobachtet zu haben. Oder beim Filmegucken. Wäre auch eine merkwürdige Episode: Geheimagent 007 schaut sich „Casablanca" an. Oder Jean-Luc Picard daddelt eine ganze Star-Trek-Episode lang mit seinem Smartphone. Obwohl es eine Folge gab, in der wurden der Captain und die Enterprise-Crew spielsüchtig. Böse Aliens haben es geschafft, über ein gehirnmanipulierendes Game die Sternenflotte zu infiltrieren. Ohne spoilern zu wollen – am Ende ging es gut aus. Denn der junge Wesley Crusher wollte nicht mitspielen. Er konnte mit einer List dem Druck von oben widerstehen. Er wusste es besser, hat nach seiner Überzeugung gehandelt und letztlich alle damit gerettet.

Es gibt wahrscheinlich Tausende solcher Geschichten. John McClane kämpft in „Stirb langsam" alleine im

Hochhaus gegen Terroristen. Er ist als einziger Cop am Tatort und weiß, was zu tun ist. Nur von den höheren Dienstgraden wird er regelrecht sabotiert, weil diese glauben, von außen die Lage besser einschätzen zu können. Hätte er deren Schwachsinns-Anordnungen nicht missachtet, dann hieße der Film wohl „Schnell gestorben".

Bei den Superhelden handelt es sich – zumindest in den meisten Fällen – um fiktionale Vorlagen. Wie sollten wir uns im echten Leben auch nur ansatzweise daran messen können? Wir sind zu klein, zu schwach, zu unbedeutend. Solch eine Bescheidenheit ehrt uns. Aber das gelebte Mittelmaß bringt niemanden auch nur einen Schritt weiter. Es braucht Individuen, die sich zutrauen, das Problem anzupacken. Die Realität ist zu komplex und erfordert kreative Lösungen, keine starren Schemata, hinter denen wir uns verstecken können.

Ich wäre gerne der Held in meinem eigenen Arbeitsleben. Wenn ich irgendwann merke, dass ich mich mit der Nebenrolle zufriedengeben muss, dann braucht es wohl eine neue Einstellung. Debile Anordnungen der Bosse befolgen, nur weil es die Hierarchie anordnet? Nee, keine Lust.

Wer versucht, die Bond-Picard-Challenge in sein Arbeitsleben zu integrieren, der sollte einen Punkt trotzdem im Hinterkopf behalten: Nicht alle, die Anweisungen missachten, dürfen zwangsläufig einen Held:innen-Status für sich reklamieren. Mir fällt da mein Ex-Kollege Bertram ein. Er hat sich ständig beschwert. Nichts, aber auch gar nichts, das vom Chef kam, hat ihm gepasst. Bertram hat seine

Aufgaben so gut wie nie auf die Reihe gebracht. Konsequent war er nur beim Pause machen und bei seinen privaten Dauertelefonaten. Da ergreife ich gerne auch mal Partei für meinen damaligen Chef. Der war eigentlich ein netter Kerl und hat versucht, es allen recht zu machen. Bertram wusste es trotzdem immer besser und hat die Stimmung im Team komplett runtergezogen. Die Kritik unseres Chefs an Bertram besaß also durchaus ihre Berechtigung. Nicht nur aus fachlicher Sicht. In seinem Büro stapelte unser alptraumhafter Mitarbeiter Dutzende Bananenkisten und Umzugskartons fast bis zur Decke. Was er darin aufbewahrte, wusste niemand so genau. Es kursierten unterschiedliche Theorien. Eine Kollegin glaubte zu wissen, dass es sich bei dem Kisteninhalt um Bertrams Habseligkeiten handelte, die ihm seine Ex-Frau nach der Trennung vor die Tür gestellt hatte. Besagte Ex-Frau ist vor Jahren pikanterweise mit einem von Bertrams Kollegen durchgebrannt, und die beiden leben jetzt zusammen in Holland oder Dänemark. Wahrscheinlich, um nicht komplett durchzudrehen, hat Bertram von diesem einschneidenden Ereignis an einen auf Trotzkopf gemacht.

Reingeschaut hat in seine Kisten niemand. Das wäre auch gar nicht so einfach gewesen. Denn der Weg dorthin war komplett verbaut mit sich bedrohlich zur Seite neigenden Zeitungs- und Bücherstapeln, diversen Zimmerpflanzen, Getränkekästen und alten Essensverpackungen. Ein schmaler Trampelpfad führte durchs Büro zu Bertrams Schreibtisch, der stilecht im Messi-Style mit Müll übersät zu dem gewagten Interieur passte. Der Chef hat es irgendwann aufgegeben, Bertram zur Ordnung zu rufen. Es war vollkommen sinnlos. Bertram zeigte sich komplett resistent auch gegen die gut gemeinten Ratschläge.

Wie unsere kleine Bertram-Erinnerung zeigt, kann nicht jeder Quertreiber und Team-Saboteur zum Helden oder zur Widerstandsikone hochstilisiert werden, auch wenn er sich ganz unbescheiden selbst dafür halten sollte. Von grandiosen Angestellten wie Captain Picard war Bertram sozusagen Lichtjahre entfernt. Bertram hat seinen Rausschmiss provoziert. Picard ist ein anderes Kaliber. Er legt sich als Einziger mit der kompletten Sternenflotte an, bringt die Mission zu einem triumphalen Abschluss und wird am Ende der Sendung mit einem Orden ausgezeichnet, ehe sein Raumschiff zu neuen Abenteuern aufbricht. Bertram kam mit einem klapprigen Lieferwagen angefahren und transportierte seine Habseligkeiten aus dem Büro für immer fort. Das war's; keiner hat ihn jemals wieder gesehen.

Ein paar Jahre später hat mir ein Kollege erzählt, wie es dem Antihelden der Arbeit ergangen ist. Bertram machte demnach seine letzte Amtshandlung in unserer Firma zum Beruf. Er heuerte als Kurierfahrer an und zog in die nächstgrößere Stadt.

Held:innengeschichten sehen anders aus. Wer seine Erwerbsbiografie zum Epos machen will, der ist womöglich schlecht beraten, wenn er sich wie Bertram als ein kleinkarierter Querulant gegen alles und jeden auflehnt. Vorkämpfer:innen wie Bond, Picard oder Langstrumpf wissen, wann ihre Stunde gekommen ist. Sie verpulvern nicht ihre

Energie in alltäglichen Scharmützeln. Sie warten auf die Stunde, in der Heldinnen und Helden gemacht werden. Sie sind dann ungehorsam, wenn es etwas zu gewinnen gibt.

Entweder es gibt unendlich viele solcher Beispiele oder mir stechen die offensichtlichen ins Auge, weil ich an diesem Kapitel arbeite. Auf alle Fälle bin ich nach Jahren wieder auf das Gesamtwerk von *Harry Potter* gestoßen. Und was soll ich sagen? Natürlich geht es darum, sich gegen die Sesselpupser und eine böse Verschwörung aus dem Zauberministerium aufzulehnen. Der gewitzte junge Zauberer und seine Freundinnen und Freunde brechen ständig so ziemlich alle Regeln, die in der Zauberschule beachtet werden müssten. Das Beste dabei ist: Sie kommen damit nicht nur durch, sondern sie werden vom weisen Schulleiter Dumbledore sogar belohnt und belobigt. Denn Albus Dumbledore ist ein Chef, der an das Gute glaubt. Er hat nicht das Kleingedruckte im Blick, sondern das große Ganze. Deshalb fördert und ermutigt er die kleinen Rebell:innen. Es gibt eben Werte, die schwerer wiegen als ausgedachte Regeln.

Dummerweise glaubt die finstere Seite ebenfalls stets daran, dass sie im Sinne allgemeingültiger Werte handelt. Gemeint sind nicht unbedingt die Werte, die über Lohn und Gehalt auf unserem Konto verbucht werden. Richten wir den Blick deshalb von der imaginären Zauberschule auf unsere realen Brötchengeber. Welche Werte spielen in den Unternehmen und Organisationen eine Rolle? Vermeintlich losgelöst vom schnöden Mammon, streben sie heutzutage an, sich ethisch und moralisch zu profilieren. Allen voran sind es die Bosse, die uns als die mutmaßlichen Gralshüter:innen eines richtigen Wertekanons erklären, wie wir uns am Arbeitsplatz angemessen zu verhalten haben.

Die Frage nach den Held:innen der Arbeit führt uns in den kommenden Kapiteln auf direktem Wege zu den Werten und anderen Mythen, mit denen uns die blöden Bosse nur allzu gerne einlullen.

5. Mythen der Arbeitswelt – Wie uns die Bosse für blöd verkaufen

Im Reich der Märchen, Mythen und Legenden gibt es wackere Heldinnen und Helden, die ihre Arbeitsgeschichte positiv gestalten. Aber seien Sie versichert. Auch die Bosse kennen sich aus im Geschichtenerzählen.

5.1 Die Werte-Verballhornung

Ob in der Fiktion oder in der Wirklichkeit: Bosse, besonders die im mittleren Management, müssen einstecken können. Sie erhalten nämlich jede Menge Spott und Häme. In Fernsehserien wurden sie nach der Jahrtausendwende gern als regelrechte Witzfiguren dargestellt. Chefin und Chef zu sein, ist zu einer Karikatur verkommen. Stilprägend war die Serie *The Office*, die von der britischen BBC produziert worden ist. Darin redet sich der bemitleidenswerte Chef David Brent, gespielt von Ricky Gervais, in einer fiktiven Dokumentation über seinen Büroalltag um Kopf und Kragen. Er will sich als besonders kumpelhafte und witzige Führungspersönlichkeit präsentieren, was allerdings gründlich misslingt. Denn Brent ist nicht nur größenwahnsinnig und extrem unkollegial, sondern auch politisch unkorrekt und mit seiner Aufgabe oft komplett überfordert. *The Office* ist mit zwei *Golden Globes* prämiert worden.

Die Mockumentary hat damals, Anfang der 2000er-Jahre, offensichtlich einen Nerv getroffen. Es wurde ein US-amerikanischer Ableger gedreht, der ebenfalls *The Office* hieß. In Frankreich wurde die Serie *Le Bureau* genannt und in Kanada *La Job*. Ganz ähnliche Büro-Satiren sind überall auf der Welt gedreht worden: in Chile, Finnland, Indien, Israel, Schweden und in Tschechien. In Deutschland ist die 2004 gestartete Serie *Stromberg* von *The Office* inspiriert worden. Sie erhielt eine Reihe von Auszeichnungen, darunter mehrfach den Deutschen Comedypreis.

Die BBC weist die Zuschauerinnen und Zuschauer von The Office vorsorglich darauf hin, dass in der Serie „*discriminatory language*" verwendet wird. Der furchtbare Boss diskriminiert mit seiner Sprache und mit seinen haarsträubenden Taten tatsächlich alles und jeden. David Brent ist eine furchtbare Zumutung für die Büroangestellten, die unter ihm leiden müssen.

Dasselbe trifft in der nach ihm benannten Serie *Stromberg* auf Bernd Stromberg zu, den Abteilungsleiter der Schadensregulierung M bis Z in der fiktiven Capitol-Versicherung. Der von Schauspieler Christoph Maria Herbst verkörperte Fiesling bezeichnet sich selbst gerne als Papa der Abteilung. Er lässt kaum eine Gelegenheit ungenutzt, um öffentlich zu betonen, wie wichtig doch der Mensch im Unternehmen sei. Allerdings stehen seine Taten im krassen Gegensatz zu den Bekundungen. Statt die Teammitglieder zu unterstützen oder zu fördern, stellt Stromberg sein eigenes Vorankommen über alles andere. „Als Chef hast du mehr Leichen im Keller als ein Krematorium", gibt Stromberg zu.

Ich gebe auch etwas zu: Die *Stromberg*-Serie und den *Stromberg*-Film, der 2014 Premiere feierte, habe ich geliebt. Sie waren für mich wie eine Abrechnung mit den blöden

Bossen, die mich lange genug gequält hatten. Den eigenen Büroalltag als Satire zu begreifen, das hat manch schwierige Lage erträglicher gemacht. Heute bleibt mir das Lachen über die vermeintlich lockeren Bernd-Stromberg-Sprüche leider im Halse stecken. Eine Stromberg-Aussage lautet:

„Hier in dem Laden scheißen sie dir auf den Kopf und du sagst auch noch ‚Danke für den Hut'."

Auf andere Zitate will ich an dieser Stelle verzichten, weil ich finde, dass sie einfach nicht mehr witzig sind. Oft ist in den Sprüchen bei *Stromberg* und *The Office* ein übertriebener, offen zur Schau gestellter Sexismus enthalten. Neben Sexismus sind auch Rassismus und Nationalismus sowie der Ableismus, der Menschen mit Behinderung diskriminiert, fester Bestandteil der Show. Die aus der Abwertung anderer Menschen entstandene Komik erscheint mir heute doch in weiten Teilen als platt und eindimensional. Diese brachiale Holzhammer-Comedy, wie wir sie in *Stromberg* finden, ist für mich in ihrer dargestellten Form nur noch schwer verdaulich. Vielleicht braucht es angesichts der tatsächlichen Ekelpakete keinen Mega-Fiesling mehr, der uns die Abgründe derart plakativ serviert. Spannender erscheinen da intelligentere, hintergründigere und damit kreativere Erzählweisen.

Eine zweifelhafte Entwicklung. Trotz meiner Kritik an dem Konzept – die Büro-Satiren nach dem Muster von *The Office* bieten uns durchaus auch heute noch ein interessantes Anschauungsmaterial. Denn es werden darin gewohnte Mechanismen in der Arbeitswelt karikiert und hinterfragt. Stromberg verdeutlicht eine vielerorts gängige und höchst zweifelhafte Entwicklung. Denn der Boss betont übertrieben oft, wie wichtig ihm Werte sind. Gleichzeitig tritt er sie aber mit Füßen. Das ist ein Paradoxon, das nicht nur in der Comedy-Sendung, sondern genauso im realen Arbeitsalltag vorkommt. Die Serienmacher haben bei aller politischen Unkorrektheit diesen Punkt sehr gut herausgearbeitet. Stromberg hält sich für den besten Kumpel, Papa, Entertainer. In Wirklichkeit ist er die ärmste Wurst und das größte Kameradenschwein. Es herrscht ein offensichtlicher Widerspruch zwischen den Ankündigungen und den Taten. Dieser Widerspruch wird nicht aufgelöst. Er steht im Büroraum wie der berühmte rosafarbene Elefant. Alle sehen ihn, nur Stromberg nicht. Er verkündet mit Elan das Gegenteil und reitet auf den Schultern des Dickhäuters immer tiefer in die Misere hinein.

Viele Unternehmen schreiben sich mittlerweile Werte auf die Fahnen. Sie sprechen dabei von ihren eigenen Werten ganz im Sinne moralischer und ethischer Leitplanken, innerhalb derer sie ihr Handeln in Verantwortung für die Menschen, für die Natur oder für das soziale Gefüge unserer Gesellschaft ausrichten wollen. Nachhaltigkeit ist ein großes Thema in Bezug auf Werte. Das gesamte Handeln soll geprägt sein von Verantwortung, Diversität oder von Achtsamkeit – das sind die Schlagworte, die sich heutzutage in so gut wie jeder Firmencharta finden.

Die Kultur des Unternehmens. Die Idee der Unternehmenswerte geht auf den US-amerikanischen Sozialpsychologen Edgar H. Schein zurück. Die Kultur des Unternehmens beruht laut Schein (1980) auf einem psychologischen

Vertrag. Dieses ungeschriebene Übereinkommen umfasst alle gegenseitigen Erwartungen, die Arbeitgebende und Arbeitnehmende aneinander haben. Die Mitarbeitenden wollen nicht nur eine Bezahlung und Jobsicherheit, sondern zum Beispiel auch gut behandelt werden. Außerdem möchten Arbeitnehmerinnen und Arbeitnehmer in der Organisation ihre individuelle Karriereplanung umsetzen können. Der Umgang der Organisationsmitglieder untereinander führt vor dem Hintergrund der Werte und Ziele zusammen mit anderen Faktoren zu der jeweiligen Unternehmenskultur. Wobei Schein betont, dass jede Organisation für sich ein komplexes System ist. Die Interaktionen innerhalb der Organisation sind enorm vielfältig und es wirken die unterschiedlichsten Kräfte. Schein verwendet zur Verdeutlichung das Eisbergmodell. Bei einem Eisberg im Meer ist bekanntermaßen nur ein Achtel der Masse sichtbar; der Rest liegt unter der Wasseroberfläche verborgen. Ähnlich verhält es sich mit der Unternehmenskultur. Die meisten Anteile werden von der Organisation gar nicht explizit nach innen und außen kommuniziert, weil sie unerkennbar sind.

Es ist vermutlich ziemlich schwierig, die eigenen Werte in all ihren Facetten überhaupt zu sehen und zu definieren. Das Vorgehen der Unternehmen, sich trotzdem die individuelle Firmenkultur bewusst zu machen und danach leben zu wollen, birgt zweifellos gute Absichten in sich. Aber diese Definition der eigenen Werte kann auch zu einer Falle werden. Wer wichtige Teile der eigenen Organisationskultur weiter unerkannt unter der Wasseroberfläche dahintreiben lässt, greift bei der Bestimmung der Werte zu kurz. Werden darüber hinaus die mühsam erkannten und definierten Werte erst laut hinausposaunt und später jedoch grob missachtet, dann begeben wir uns auf dünnes Eis. Die im Widerspruch stehenden Taten wirken dann womöglich wie eine Verballhornung unserer vermeintlich so wichtigen Werte – ganz nach dem Vorbild von *The Office* und *Stromberg*.

Wenn Werte reine Plattitüden sind, dann werden sie zur Realsatire. Dann sind Werte lediglich hohle Hüllen. Und die Bosse als oberste Phrasendrescher merken nichts davon. Ist Chef:in zu sein eigentlich ein Wert an sich? Führungskraft in einem großen Unternehmen werden – das ist anscheinend eine Wunschvorstellung für gar nicht mal so wenige Menschen. Zumindest kommen Umfragen regelmäßig zu dem Ergebnis, dass Chef:in zu sein ein erstrebenswerter Posten ist. Welche Gründe gibt es? Andere herumkommandieren zu dürfen, macht das Spaß? Nun gut, die Flucht nach oben in der Hierarchie stellt aus Sicht der Geknechteten wahrscheinlich einen Weg dar, dem Ganzen zu entkommen. Es ist wohl vor allem die Aussicht auf Respekt, auf Anerkennung und ein finanzielles Auskommen. Und am Ende steht die Freude über gewonnenen gesellschaftlichen Status. Wahrscheinlich erreichen häufiger diejenigen das Boss-Level, die wissen, wie das Spiel läuft und welche vermeintlichen inneren Werte für die Führungsrolle gefragt sind.

Werte in der Stellenausschreibung. Werte, die wirklich wichtig sind, werden schon bei einem Blick auf die Stellenausschreibungen offenkundig. Ein Hersteller von

Autozubehör sucht in einer Anzeige beispielsweise einen *Head of Digital*, der die folgenden Qualifikationen mitbringt: Detail-orientiert, Deadline-driven und fähig zum Multitasking. Außerdem dürfen die Bewerbenden natürlich gerne noch als Organisationsgenie glänzen und überragende Zeitmanagement-Skills besitzen. Auch jugendlicher Elan sollte von Vorteil sein – gerne gepaart mit jahrzehntelanger Erfahrung. Das stand zwar so nicht in der Ausschreibung, aber vermutlich sind für den Autozubehörhersteller die allerhöchsten Ansprüche gerade gut genug bei der Suche nach neuen Mitarbeitenden. Da wünsche ich schon mal viel Erfolg.

Ein Wert, der quasi überall hoch im Kurs steht, ist krasse Aufopferungsbereitschaft. Alles darf gerne Mühe und Anstrengung bereiten. Wer frühmorgens in den Betrieb kommt und spätabends geht, der kann sich als würdig fühlen. Wer hingegen die Fähigkeit besitzt, schnell sein Pensum zu erledigen, der sollte sich mit einem schlechten Gewissen plagen. Denn schließlich brennt bei den Kolleg:innen noch Licht und sie müssen sich bis spätabends reinstressen.

Gestresst zu sein, gehört ohnehin zum guten Ton. Das ist wohl auch ein Wert an sich. Der Stresslevel hoch, die Nerven angespannt, die Lage immer kurz vor dem Austicken. Der Chef eines Dienstleistungsunternehmens hat mir bestätigt, dass er von seinen Mitarbeitenden selbstverständlich erwartet, dass sie auch nach Feierabend und im Urlaub für ihn erreichbar sind. Das bei ihm beschäftigte „Humankapital", wie er sagt, solle bei der Arbeit vollen Einsatz zeigen und beweisen, dass es ihm nicht nur als Kostenfaktor auf der Tasche liegt. Unter „Werten" verstehe er sowieso etwas ganz anderes. Das seien bei ihm keine ideellen Träumereien, sondern die konkreten Zahlen in seiner Bilanz. Solange die Finanzwerte passen, habe er kein Problem damit, für seine Firma eine Charta mit hehren Zielen aufzustellen.

Am Ende des Gesprächs verglich der an Finanzwerten orientierte Chef seine Mitarbeitenden noch mit Kühen. Er fragte: „Warum soll ich die Kuh streicheln, solange ich sie melken kann?"

Das hätte Bernd Stromberg nicht besser sagen können.

5.2 Die Kaninchen-aus-dem-Hut-Nummer

Zauberinnen und Zauberer ziehen bei ihrer Bühnenshow bekanntermaßen gern unendlich lange Taschentücher aus dem Ärmel oder Kaninchen aus dem zuvor noch leeren Zylinder. Gerade die Hasen-Nummer verblüfft und überrascht auch heute noch das verzückte Publikum. Nun sind Bosse zwar meistens keine Magierinnen und Magier, aber sie beherrschen trotzdem die entsprechenden Tricks und Illusionen. Beispiel gefällig? Mich erreichte eines Morgens eine Einladung zu einer geschäftlichen Videokonferenz, die in wenigen Wochen stattfinden sollte. Der Link war geheimnisvoll und hinterließ einen Hauch von Magic-Mystery-Show. Denn wie der Zauberer, der an seinen Ehrenkodex gebunden ist, verriet der einladende Chef nichts, aber auch gar nichts über den Inhalt. Es gab keine Tagesordnung, keinen Betreff, ja nicht einmal einen leisen Wink. Lediglich der Besprechungstermin stand fest. Und die Liste der Teilnehmenden.

Die Marketingleitung, die Vertriebsleitung und der Produktionsplaner sollten dabei sein. Dazu zwei Unterabteilungsleiter und vier Mitarbeitende. Und natürlich der Oberchef, von dem die Einladung kam.

Der erste Telefonanruf erreichte mich eine Minute nach der E-Mail-Einladung, der zweite Anruf kurz nachdem ich das erste Telefonat beendet hatte. Am Apparat waren eine Kollegin und einer der Unterabteilungsleiter. Sie wollten wissen, ob ich was wusste. Aber offenbar war niemand im Bilde. Nur der Chefmagier wusste, wie die Show funktionieren soll.

Sofort setzte das schlechte Gewissen ein. Könnte es sein, dass es darum geht, dass unsere Zahlen doch noch schlechter sind als gedacht? Dann steigerte sich die Ungewissheit langsam zur Panik. Wird die Abteilung jetzt endgültig dicht gemacht? Vielleicht geht es aber auch um eine schöne Überraschung. Um das Sommerfest zum Beispiel. Und wir sind das Komitee dafür. Keine Ahnung. Die Unwissenheit zehrte an den Nerven meiner Kolleginnen und Kollegen.

Jetzt können Kaninchen nicht nur aus dem Hut gezogen werden. Die flauschigen Tierchen sind offenbar die geborenen Opfer. Denn taucht die Schlange auf, dann sitzt das Kaninchen wie ein ebensolches vor dem Reptil. Das Kaninchen ist unfähig oder nicht gewillt, sich zu bewegen. Starr vor Erschaudern bleibt es mit großen Augen vor der giftigen Angreiferin auf seinem Platz.

Auf dem Arbeitsplatz vor unseren Bildschirmen war es nicht anders. Während der langerwarteten Videokonferenz spielte sich das Geschehen ganz genauso ab wie bei dem sprichwörtlichen Vorfall zwischen dem Kaninchen und der Schlange.

Ein psychologisches Lehrstück. Die Gesichter, die sich mir auf meinem Monitor bei der Konferenz zeigten, veränderten nach und nach ihren Ausdruck. Die Show entwickelte sich zu einem psychologischen Lehrstück. Schleichend traten die ersten Gesichtsentgleisungen auf. Aus Mikro-Emotionen wurden in den folgenden eineinhalb Stunden Makro-Gefühlserregungen. Erst waren alle betont cool und abgeklärt und leisteten sich keine Regung. Dann ein kleines Zucken mit dem Mundwinkel, später ein etwas längeres Senken der Augenbrauen. Ein Kollege rümpfte die Nase. Irgendwann spielten die kleinen Muskeln dann komplett verrückt. Besonders intelligent hat mein Konterfei auf den Bildschirmen der anderen höchstwahrscheinlich auch nicht gewirkt. Als ich gemerkt habe, was bei den anderen abgeht, versuchte ich, auf eingefrorenes Bild zu machen und möglichst gar keine Regung zu zeigen. Das konnte ich von den anderen Teilnehmer:innen nicht gerade behaupten. Saßen die Kolleg:innen am Anfang noch wie die verstörten Kaninchen vor ihrer Webcam, waren sie am Ende der denkwürdigen Konferenz eher mit Löwen, Geiern oder Hyänen zu vergleichen, vielleicht zeitweilig wegen der verändernden Augenform auch mit Eulen und Chamäleons.

Die Konferenz der Tiere endete in einem denkwürdigen Zerfleischen. Nachdem der Chef vor seinem versammelten Zoo das Kaninchen mit dem hässlichen Namen „Restrukturierung" aus seinem imaginären Zauberer-Zylinder herausgeholt hatte, ging der Kampf um die besten Aas-Stücke los. Die Abteilung wird also tatsächlich aufgelöst. Schon in wenigen Wochen soll Schluss sein. Die Aufgaben werden von anderen Abteilungen übernommen. Ein Teil der Arbeit wird komplett eingestellt. Die Mitarbeitenden werden versetzt und Stellen nicht nachbesetzt.

Den Entschluss habe die Geschäftsführung mit Blick auf die Zahlen getroffen. „Wir haben uns die Entscheidung nicht leicht gemacht", versicherte der Chef in der für solche Anlässe gängigen Standardformulierung. Es folgte eine am Ende doch ziemlich unwürdige Argumentationskette.

Dabei haben die betroffenen Noch-Mitarbeitenden mit allen Mitteln versucht, zu feilschen, zu flehen, zu argumentieren und den Chef umzustimmen. Doch hätte dieser Argumente hören wollen, hätte er wahrscheinlich danach gefragt.

Die Analyse. Es ist die Art und Weise – oder besser gesagt die Dramaturgie dieser Zaubershow –, die Angst und Schrecken verbreitet. Was hat der Chef getan und wie hat er es getan? Versuchen wir, sein Vorgehen zu analysieren:

Zuerst die Ungewissheit. Wie aus heiterem Himmel kommt die Einladung zu einer mysteriösen Konferenz. Das klassische Herrschaftswissen wird gnadenlos ausgespielt. Alle Mitglieder der niederen Stände müssen warten, quälend lange warten, bis ihnen die nötigen Informationen zuerkannt werden.

Dann die Überraschung. Der Chef zieht sein Kaninchen aus dem Hut. Er präsentiert, tataaa: Die fertige Entscheidung.

Damit geht die Überrumpelung einher. Die Mitarbeitenden können nur noch reagieren, denn sie werden vor vollendete Tatsachen gestellt. So wird es gemacht und nicht anders. Wieso, weshalb, warum? Das will die Chefetage nicht detailliert verraten. Wo kommen wir denn hin, wenn ein Zauberer dem staunenden Publikum seine Tricks offenbart?

Anschließend folgt der Verdauungsprozess. Die Mitarbeitenden müssen die Entscheidung hinnehmen, auch wenn sich das süße Kaninchen beim näheren Hinsehen in eine Kröte verwandelt, die es nun zu schlucken gilt. Zwar haben meine damaligen Kolleg:innen noch eine Zeit lang lamentiert und versucht, das Unabwendbare zu verhindern. Doch ihr Bemühen blieb ohne Erfolg.

Bemerkenswert waren auch die Nachwirkungen der wundersamen Show. Die betroffenen Mitarbeitenden resignierten nicht, sondern sie zeigten überraschenderweise mehr Elan denn je. Egal, welches antiquierte Bild in diesem Fall angebracht wäre – sich am Riemen reißen oder die Ärmel hochkrempeln. Vielleicht auch einen Zahn zulegen. Auf jeden Fall haben die Kolleginnen und Kollegen ganz in der Denkweise der Frühindustrialisierung ihre Produktivitätsmotoren angekurbelt, um dem Chef nun erst recht zu beweisen, was in ihnen steckt.

Meine Rolle in dem Drama fiel weniger ins Gewicht, weil ich nach meiner inneren Kündigung den Akt nun auch offiziell vollzogen hatte. Die Kolleg:innen wollten aber dringend im Betrieb bleiben und deshalb legten sie sich nach der Zauber-Nummer umso eifriger ins Zeug.

Der Grund für ihre Betriebsamkeit war einmal mehr die Angst. Wie ein fieser Saruman aus „Der Herr der Ringe" hat der Chef seine magische Macht eingesetzt, um die verbliebenen Mitarbeitenden zu unterjochen. Er hat sie noch gefügiger gemacht. Sie kuschen, denn sie wurden zwar in andere Abteilungen versetzt, aber dort könnte es schon morgen ebenfalls vorbei sein. Wer weiß, welche Tricks der Chef noch im Management-Zauberkasten dabeihat.

Gesunde Streitkultur. Wie es ohne Tricks und Sabotage laufen kann, das haben Becker und Jäger (1994) beschrieben. Sie plädieren unter anderem dafür, eine gesunde

Streitkultur zu etablieren. Denn nur echte Teams sind aus ihrer Sicht effizient in der Problemlösung. Niemand lasse sich gerne manipulieren. Es brauche eine Kooperationsfähigkeit aller Beteiligten, gleichzeitig müssen sich die Leitenden aufrichtig um eine Einigung bemühen. Es gehe letztlich darum, die Untergebenen ernst zu nehmen.

Übrigens ist die fiese Nummer, betriebswirtschaftliches Risiko des Unternehmens auf die Angestellten abzuwälzen, auf längere Sicht kontraproduktiv für alle. Der Psychologe Andreas Krause (2011) von der Fachhochschule Nordwestschweiz hat herausgefunden, dass Managementkonzepte, die zunächst die Produktivität steigern, bei den Mitarbeitenden später psychische Belastungen und Gesundheitsprobleme hervorrufen können. Die Führung durch Ziele, das *Management by objectives,* stresst die Mitarbeitenden. Ebenso wie das Management werden die Mitarbeitenden dabei für den wirtschaftlichen Erfolg des Unternehmens verantwortlich gemacht. Über allem schwebt zum Beispiel die Drohung, die ineffiziente Abteilung zu schließen.

Ich habe mir nach der Kaninchen-aus-dem-Hut-Nummer gemerkt: Misstrauen Sie Magierinnen und Magiern! Durchschauen Sie ihre Tricks und Illusionen! Seien Sie kein Kaninchen, keine Schlange oder Hyäne und schlucken Sie keine Kröten!

5.3 Die Familienunternehmens-Farce

Was bringt einen Menschen eigentlich dazu, freiwillig Führungskraft sein zu wollen? Diese Frage hat mir eine Freundin gestellt, die mit ihrer aktuellen Vorgesetzten ebenso wenig klarkommt wie mit den Vorgängerinnen in dieser Position. Aus Sicht meiner geplagten und leidgeprüften Freundin hatten alle Chefinnen, die sie bislang erleben durfte, mindestens eine charakterliche Schwäche, die sich stark als Führungsschwäche auswirkte. Meistens war bei ihren Vorgesetzten jedoch ein Konglomerat der Unzulänglichkeiten und schlichten Blödheit festzustellen. Die These der Freundin lautet: Bosse durchlaufen während ihrer Karriere einen Prozess der Selbstselektion. Nur die Irrsten steigen auf.

Nun sind ja längst nicht alle Bosse deshalb zu Bossen geworden, weil sie emsig die Karriereleiter hochgeklettert sind. Es gibt viele, die quasi aus einem Geburtsrecht heraus dort oben landeten. Erben ist das neue Aufbauen. Eltern, Großeltern und vielleicht auch schon die Urgroßeltern haben die Firma im Schweiße ihres Angesichts auf die Beine gestellt und hinterlassen sie ihren Kindern. Die Nachfolgenden in der Dynastie bekommen die Verantwortung über den Betrieb und natürlich ebenso über die Menschen, die dort arbeiten dürfen.

Der patriarchale oder matriarchale Führungskräfte-Typus ist oft deckungsgleich mit der Art, die diese Bosse an den Tag legen. Wie ein gütiges Elternteil wachen die Familienoberhäupter über ihre Schützlinge. Hart, aber gerecht geht es zu. Verlässlichkeit und die Traditionen werden großgeschrieben. Ach, wie heimelig es doch ist, unter dem schützenden Dach der Familie zu stehen, während draußen die bedauernswerten Mitarbeitenden in den herzlosen Konzernen darben müssen.

Stark dysfunktional. Mir ist unerklärlich, wieso Leute heute noch glauben, dass in Familienunternehmen irgendetwas besser läuft als in anderen Betrieben und Organisationen. Generell erschließt sich mir nicht, wieso Familienbetriebe so gerne die eigenen Familienbande betonen. Wahrscheinlich wirkt es sich förderlich für das Image vom vertrauenswürdigen und beständigen Unternehmen aus, wenn es schon viele Generationen überdauert hat. Schön und gut. Doch aus meiner Sicht erweisen sich viele echte Familien in ihrer Organisationsform als stark dysfunktional. Die bucklige Verwandtschaft und zweifelhafte verschwägerte Menschen tragen über Generationen hinweg zu den Problemen bei. Die Mitglieder sabotieren sich gerne gegenseitig. Es sind in Familien oftmals verkrustete Strukturen festzustellen. Probleme und Traumata werden seit Jahrzehnten vererbt. Kleine Zwistigkeiten und der handfeste Streit gehören zu jedem gepflegten Aufeinandertreffen dazu – denken wir nur an Weihnachten und andere Katastrophen.

Klar, womöglich gibt es sogar Vorteile und positive Aspekte einer Familie. Sichere Aufzucht der Nachkommen zum Beispiel oder bedingungslose Liebe. Allerdings erscheinen mir die Vorteile, die sich daraus für unser Berufsleben ergeben sollen, dann doch mehr als zweifelhaft.

Ich erinnere mich an einen meiner Ex-Chefs, der in einem Rundschreiben betont hat, welch tolle Familie unser Betrieb doch sei. Wohlgemerkt war das damals kein Familienbetrieb, sondern ein Konzern in der Hand von keineswegs miteinander verwandten Anteilseignern. Der Argumentation dieses Chefs zufolge haben die Angestellten bei einer gemeinsamen Problemlösung so gehandelt, wie es in einer vergleichbaren Situation auch Familienmitglieder getan hätten. Er sei stolz, Teil dieser großartigen Familie sein zu dürfen, sülzte er in seiner E-Mail. Tja, dieses Bild versucht ja so manche Führungskraft zu vermitteln. Die Firma sei etwas ganz Außergewöhnliches. Es laufe intern derart toll, das sei nirgendwo sonst auf diese Weise zu finden. Ist es nicht eine Ehre, Mitglied in solch einer Familie sein zu dürfen?

Ein echter Familienbetrieb hat diese Privilegien der Einzigartigkeit sozusagen für sich gepachtet. Der gängigen Sichtweise folgend, erklärt die Führungskraft im Familienbetrieb ihre Mitarbeitenden kurzerhand zu Familienmitgliedern. Eng verbunden, ein Leben lang treu und immer loyal. Gesucht werden die Tausendprozentigen, die sich voll und ganz mit „ihrem" Unternehmen identifizieren. Dass sie am Ende des Tages mit dem Job trotzdem nur ein klassisches Arbeiter- oder Angestelltenverhältnis ausfüllen, dass sie nicht wirklich zur Familie gehören und den Betrieb sicher auch nie besitzen oder erben werden, das wird natürlich nicht an die große Glocke gehängt. Auf der einen Seite steht die Gefolgschaft um jeden Preis. Auf der anderen Seite wird von den Mitarbeitenden gerne auch noch zusätzliches Engagement verlangt, das über die abgegoltenen

Leistungen hinaus geht. Die Gesamtbilanz fällt damit dann doch recht einseitig für die Arbeitgebenden aus. Aber wer wird denn als ehrenwertes Mitglied einer Familie das Geben und Nehmen auf die Goldwaage legen?

Anspruch und Wirklichkeit. Unsere Familienunternehmer:innen fordern so unverhohlen ihr Recht ein, weil sie sich für besser halten. Ihr Anspruch kann für die Mitarbeitenden zu einer Zumutung werden. Denn dieser Anspruch und die Wirklichkeit klaffen auseinander. Was genau macht ein Boss im Familienbetrieb eigentlich besser? Nach Auskunft der *Stiftung Familienunternehmen* gilt ein Unternehmen dann als familienkontrolliert, wenn eine überschaubare Anzahl von natürlichen Einzelpersonen die Kontrolle ausübt. Wie die Stiftung weiter ausführt, sind in Deutschland 90 Prozent aller Unternehmen familienkontrolliert. Gemeinsam erzielen sie 52 Prozent aller Umsätze und sie stellen rund 58 Prozent aller sozialversicherungspflichtigen Beschäftigungsverhältnisse in Deutschland.

In ihrem Selbstbild bezeichnen sich Familienunternehmen als dynamisch und als besonders verantwortungsbewusst, weil sie viel mehr Arbeitsplätze schaffen als die zumeist börsennotierten Nichtfamilienunternehmen. Familienunternehmen loben sich selbst als nachhaltig, krisenfest und als regional verankert. Zu finden ist der Stiftung zufolge in den Betrieben eine gute Arbeitsatmosphäre im Team; es gibt flache Hierarchien. Mitarbeitende dürfen sogar eigenverantwortlich handeln, wie es heißt. Die Firmen bilden Vertrauen und sind darüber hinaus spendabel und nahezu fürsorglich.

So viel zum Idealbild der Familienbetriebe. Wo der Schein das Sein überstrahlt, dort führten Clan-Bosse ihr Regiment, mit denen ich bislang in beruflichen Kontakt treten durfte. In meiner Erinnerung haben allesamt genau das Gegenteil dessen verkörpert, was dem landläufigen Image der Familienbetriebe ähnlich wäre. Die Lust auf Familienbande ist mir vergangen. Der verlorene Sohn wird nicht heimkehren.

Das Unternehmen als Familie ist ein Mythos, mit dem uns die Bosse für blöd verkaufen wollen. Einer Führungskraft die Dienste zu erweisen, ist auch ohne pseudofamiliäre Verpflichtung schon Zumutung genug.

5.4 Die Auserwählten-Prophezeiung

Sie berufen sich gerne auf eine überirdische Anweisung. Ziemlich mystisch geht es bei ihnen zu. Quasi nicht von dieser Welt. Als Abgesandte, als Erwählte und als Erleuchtete sei es allein ihre Bestimmung, die anderen zu leiten und hoch über ihnen an der Spitze zu stehen. Der eigene Führungsauftrag liege begründet in einer Art Vorsehung. Selbstverständlich gab es dazu eine Prophezeiung, die nicht oft genug rezitiert werden kann, weil sie ach so wahr ist. Wer hilft uns im Umgang mit den Bossen, die sich gegenüber uns Irdischen derart überlegen fühlen?

Einer meiner alten Chefs war einer von ihnen. Er hat nur allzu gerne über den Gründungsmythos und seine Erweckung referiert. In geselliger Runde und in Bierlaune fing er immer wieder davon an. Die Mitarbeitenden, die schon länger dabei waren und den Alten und seine Geschichten kannten, verdrehten dann heimlich die Augen. Denn sie konnten die von Eitelkeit und Selbstbeweihräucherung triefende Erzählung schon lange nicht mehr hören.

Die Geschichte ging in etwa so: Der heutige Boss hatte in jungen Jahren einen Traum. Darin ist ihm ein Fabelwesen erschienen.

„Gründe eine Druckerei!", lautete die Anweisung des Fabelwesens – halb Mensch, halb Fischotter. Wer würde sich schon einem Ottermenschen widersetzen wollen? Der Boss wusste, was zu tun war. Er schuf nicht nur die Druckerei, sondern legte in dem Schöpfungsakt tatsächlich den

Grundstein für eines der größten Medienunternehmen der Region.

Dass der Boss zu Höherem bestimmt war, das sei schon in der Schule klar gewesen, fügte er seiner Erzählung stets hinzu. Denn in jungen Jahren sei er zur Legende aufgestiegen. „Mein Lateinlehrer hat mir die große Karriere vorausgesagt", erklärte unser Auserwählter. Denn als erstem und einzigem Schüler seines Gymnasiums sei es ihm gelungen, den *Daedalus und Icarus* aus Ovids *Verwandlungen* fehlerfrei zu übersetzen.

Als dann der Fischotter im Traum erschien, war alles klar. „Ich musste es machen", erzählte der Boss. „Und ich habe es ja auch für Euch gemacht."

Gefeiert als Gönner und Mäzen. Der Betrieb konnte sich in der Anfangszeit vor Druckaufträgen tatsächlich kaum retten. Der Boss arbeitete sich hoch zu einer großen Persönlichkeit der heimischen Wirtschaftswelt. Selbstverständlich wollte er seinen Aufstieg nicht für sich allein auskosten. Er zeigte sich spendabel, unterstützte Sportvereine, Kindergärten und Denkmalschutzprojekte und ließ sich dabei gerne als Gönner und Mäzen feiern. Zudem war er der festen Überzeugung, ein strahlendes Vorbild für alle jungen Mitarbeitenden zu sein. Er sonnte sich schon recht gerne in dem Ruhm, der ihm von allen Seiten zuteilwurde. Seine Position in der Gesellschaft brachte es auch mit sich, dass ihn Menschen schätzten als begehrten Ratgeber und politischen Impulsgeber. Nach langem Zureden willigte er gnädigerweise ein, für den Stadtrat zu kandidieren. Es klappte. Als

Stimmenkönig zog er mit überwältigendem Wählervotum in das Gremium ein.

Der Boss definierte sich und seine Rolle in der Firma und in der Gesellschaft sehr stark über den eigenen wirtschaftlichen Erfolg. Er war groß und mächtig. Allmählich wurde er in seiner Stadt zu groß und zu mächtig. Er umgab sich mit Ja-Sager:innen, von denen er naturgemäß nie ersthaften Widerspruch erhielt. Der Boss neigte immer stärker zur Selbsterhöhung und leitete aus seinen Errungenschaften offensichtlich einen gewissen Allmachtsanspruch ab. Fest ging er davon aus, mit seinem unternehmerischen Tun vor allem der Allgemeinheit zu dienen.

„Ich mach das ja alles nur für euch", sagte er häufig zu den Menschen in seinem Unternehmen und in seiner Stadt. Gönnerhaft betonte er den Nutzen seines Wirkens für die Gegenwart und Zukunft der Gemeinschaft. „Solange Ihr mich noch habt, setze ich mich für Euch ein", war einer seiner Standardsprüche. Gerne rechnete er auch vor, wie viel Steuergeld er mit seiner Druckerei der Kommune jedes Jahr einbringe und wie viele Menschen bei ihm einen Arbeitsplatz erhalten.

Fürsprecher und Widersacher. Unterschwellig schwang jedoch immer die Drohung mit, dass er sich durchaus einen anderen Standort für sein Tun aussuchen kann, wenn nicht alle nach seiner Pfeife tanzen und ihm angemessene Dankbarkeit entgegenbringen. Er teilte die Menschen gerne ein in Fürsprecher und Widersacher. Wer sich einmal als Widersacher entpuppt hatte, der hatte die Gunst des Alten für immer verwirkt. Der Boss erhielt für seine Firma eine eigene Autobahnausfahrt, sogar einen kleinen

Flugplatz und nahezu unbegrenzt Land für Erweiterungs-
bauten. Nicht zuletzt dank der ihm wohlgesonnenen Stadt-
ratsmehrheit.

Unser lokaler Wirtschaftsmagnat wurde zum verkapp-
ten Adeligen. Wie einen Herrn Grafen haben ihn alle hofiert
und ihm Honig ums Maul geschmiert.

Als es dann langsam aber sicher abwärts ging mit der
Druckbranche und mit dem gesamten Medienunternehmen, erhielt der Boss immer weniger Rückendeckung und
er stand am Ende ziemlich alleine da. Fast niemand wollte
ihn mehr unterstützen. Auch sein Fischotter-Mensch hat
sich nicht mehr sehen lassen. Zumindest redete der Boss nie
wieder von ihm.

Das Unternehmen wurde von der Konkurrenz aufge-
kauft, viele Beschäftigte mussten daraufhin gehen. Auch
unser Auserwählter ging. Und zwar ins Ausland. Seitdem
lebt er weit weg von seinem einstigen Herrschaftssitz und
kehrt nur hin und wieder in seine Heimat zurück.

Die Geschichte ist schon recht traurig. Ein angesehener
Wirtschaftslenker, der sich alles selbst aufgebaut hat,
musste den eigenen tiefen Fall miterleben. Überwältigt von
der eigenen Hybris merkte er nicht, wie sein Tun den Keim
des Niedergangs immer in sich trug. Je schwieriger seine
wirtschaftliche Lage wurde, desto häufiger überschritt er
die Grenzen der Legalität. Die Regeln legte er sich dabei so
aus, wie sie für sein Vorwärtskommen am besten passten.
Die Staatsanwaltschaft und der Richter schätzten die Lage
dann doch ein wenig anders ein, als es der Boss getan hatte.
Er wurde wegen Untreue angeklagt. Für eine Verurteilung
hat es zwar nicht gereicht. Trotzdem lag der Alte am Boden.

Erst stolperte er, dann fiel er hin und blieb liegen, weil keiner mehr da war, der ihm aufhelfen wollte. Je krampfhafter er an der Prophezeiung festhielt, für Höheres bestimmt zu sein, desto bitterer war es für ihn, am Ende wieder ganz unten anzukommen.

Der gute Chef. Das Kapitel könnte an dieser Stelle enden. Doch es lohnt sich, den Blick noch auf einen anderen Menschen zu richten. In demselben Unternehmen, in dem der Boss mit seiner Auserwählten-Prophezeiung ein Beispiel für größtmögliche Abgehobenheit geliefert hat, war nämlich ein Abteilungsleiter beschäftigt, der in den meisten Bereichen das genaue Gegenteil des selbstverliebten Gründervater-Bosses verkörperte. Er war für mich immer der gute Chef. Wahrscheinlich hebe ich ihn posthum auf den Schild. Ja, er ist leider schon verstorben. In den letzten Jahren seines Lebens hat er sich viel ärgern müssen, was sich zunehmend schlecht auf die Gesundheit ausgewirkt hat.

Die neue Konzernstruktur, die dem Unternehmen nach dem Aufkauf übergestülpt worden ist, machte alles nur noch viel schlimmer für den Arbeitsalltag der Verbliebenen. Der alte Boss, der seine Firma hergeben musste, war wenigstens berechenbar. Doch mit den neuen Eigentümern hat sich viel geändert.

Ich durfte den guten Chef während der paar Jahre, in denen ich in dem Betrieb beschäftigt war, kennen und schätzen lernen. Immer ehrlich, zuvorkommend und höflich. Stets ein aufmunterndes Wort parat. Herzlich und dabei witzig und charmant. Einfach ein guter Mensch. Trotz aller Widrigkeiten, die unser Berufsalltag mit sich gebracht hat, erlaube es der Abteilungsleiter niemals, dass die Beziehung zwischen allen Kolleginnen und Kollegen darunter litt. Die ausgeglichen gute Stimmung war für ihn wichtiger als alles andere. Bis zum Schluss.

Es waren die Kleinigkeiten, mit denen er alle Mitarbeitenden der Abteilung für sich gewinnen konnte. „Das haben Sie gut gemacht. Da sind wir jetzt richtig stark", sagte er zu mir. An die lobenden Worte erinnere ich mich bis heute. Er schuf ein Klima, bei dem alle Lust hatten, sich einzubringen. Über flapsige Bemerkungen konnte er herzlich lachen. Aber nie machte er sich über andere lustig. Bei Schwierigkeiten hielt er seinem Team kompromisslos den Rücken frei. Der gute Chef brauchte sich nicht profilieren und aufplustern, denn er besaß Souveränität. Schon gar nicht hatte er es nötig, sich von Mythen umranken zu lassen, um in einer Aura eines großen Auserwählten zu erscheinen. So angestrengt ich auch nachdenke – ich wüsste beim besten Willen nicht, mit welchen Ticks, Störungen und Marotten er mich jemals genervt hätte. Wenn das doch nur auf alle Bosse zuträfe.

6. Ticks, Störungen und Marotten – So dysfunktional sind Bosse

Dysfunktionalität ist eine Störung. So mancher Boss leidet darunter und mit ihm leiden seine Mitarbeitenden. Betroffene kriegen nur wenig auf die Reihe. Was sie auch anpacken – fast nichts funktioniert so, wie es eigentlich sollte. Richtig übel wird es, wenn die dysfunktionalen Macken dem Team die Arbeit immer schwerer und unerträglicher machen. Um die Bandbreite zu beleuchten, beschäftigen wir uns in den folgenden Beispielen mit falschen Schwingungen, Mikromanager:innen und zwangsgestörten Aufräumer:innen.

6.1 Die Schwinger-Gegenschwinger-Verwirrung

Bei all dem Kummer im schlimmen Arbeitsalltag wünschen sich ja einige Leute in die Zeit ihrer Kindheit zurück. Kann ich persönlich jetzt leider überhaupt nicht nachvollziehen. Ich sehe mich in meinen Alpträumen noch als leicht pummeliger Junge, der wie in der Lebertran-Werbung missmutig bei Regenwetter auf dem Pausenhof steht. Oder ich erinnere mich an Szenen in der miefigen Schulturnhalle, in denen ich vom irrsinnigen Sportlehrer rumgescheucht werde. Viele Übungen waren mir ein Graus. Barren, Reck und Bock, vor allem aber die Seile. Das Kletterseil hing unerkletterbar baumelnd wie eine stille Drohung von der Decke. Besser zurecht kam ich mit den kleineren Kordeln, die für das Seilspringen gedacht waren. Je nachdem, mit wem ich die Übung machen durfte, klappte das allerdings von gut bis gar nicht. Entscheidend waren eben damals schon die Mitstreiterinnen und Mitstreiter.

Stellen Sie sich jetzt drei Kinder vor – pummelig oder nicht spielt keine Rolle. Und zwar beim Seilspringen. Das erste Kind will oder es muss, weil es der sadistische Sportlehrer so befiehlt, am besten in regelmäßigen Auf- und Abwärtsbewegungen seinen Körper über das Seil wuchten. Die Kinder zwei und drei halten dazu je eines der beiden Seilenden. Mit kreisenden Hand- oder Armbewegungen schwingen die beiden Halte-Kinder nun das Seil. Immer wenn der Strick nahe am Boden ist, versucht das Hüpf-Kind darüber zu springen. Möglichst ohne sich zu verheddern, zu stolpern oder hinzufallen. Dazu braucht es Ausdauer, Kraft und vor allem Koordination. Das Hüpf-Kind hat mit dem Springen den anstrengendsten Job. Gleichzeitig müssen es die beiden Seilhalte-Kinder schaffen, besonders koordiniert vorzugehen und alle Bewegungen aufeinander abzustimmen.

Soweit dürfte das Prinzip klar und wohlbekannt sein. Jetzt stellen Sie sich bitte vor, Sie sind Kind zwei, das zusammen mit Kind drei das Seil hält. Sie geben dabei als Schwinger:in den Takt vor. Mit Ihrer passenden Armbewegung bringen Sie Kind eins, das Hüpf-Kind, möglichst gut durch die Leibesübung. Die Tätigkeit, Sie haben es schon vermutet, ist eine Metapher für Ihre Arbeit. Das Hüpf-Kind wäre in unserem Beispiel wiederum gleichzusetzen mit Ihrem aktuellen Projekt oder mit Ihrer beruflichen Aufgabe, die Sie aktuell meistern wollen. Je besser das Projekt hüpft, je seltener es aus dem Takt kommt und sich in der Kordel verheddert, desto einfacher wird es für alle.

Aber jetzt gibt es da ja auch noch Kind Nummer drei, das mit Ihnen das Seil in der Luft halten und schwingen muss, damit die Übung funktioniert. Eigentlich würde es schon reichen, wenn dieses Seilhalte-Kind einfach nur fest den Strick umfasst und in der richtigen Höhe und im passenden Abstand in dieser Position bleibt. Klappt aber nicht. Denn Kind Nummer drei lässt sich auf eine einfache Rolle als Seilhalter oder Mitschwinger nur sehr ungern reduzieren. Kind drei ist nämlich der dysfunktionale Boss.

Natürlich wissen Chefin oder Chef am allerbesten, wie das Kind zu wuppen ist. Glauben sie jedenfalls. Obwohl von Kind zwei – also von Ihnen – verlangt wird, dass es die ganze Arbeit macht, damit das Hüpf-Kind gut springen kann, greift der Boss gerne auch mal selber ein. Die Führungskraft überlässt nicht einfach Ihnen das Schwingen, sondern sie schwingt auch selbst. Selbstverständlich so, wie sie glaubt, dass geschwungen werden müsste. Sie sabotiert das Prinzip von Schwinger und Mitschwinger. Sie zieht das Tempo an, wenn ihr danach ist. Sie variiert den Abstand oder die Höhe, in der das Seil gehalten werden sollte. Manchmal spielt sich die Führungskraft während unserer Turnübung sogar zur Gegenschwingerin auf. Das heißt, sie schwingt nicht nur asynchron, sondern dreht den Arm plötzlich in die entgegengesetzte Richtung. Sie handelt eben wie ein Kind, das seinen eigenen Trotzkopf durchsetzen will und die Regeln immer neu erfindet. Damit schafft sie im wahren Wortsinn große Verwirrung. Es kommt, wie es kommen muss. Das Hüpf-Kind verheddert sich im Seil. Vielleicht fällt es sogar hin und tut sich weh. Auf jeden Fall dauert es und es kostet immer neue Kraft, bis alle wieder im Rhythmus sind.

Eigentlich würden wir in unserem Job als Schwinger:in auch ganz gut alleine zurechtkommen. Wenn wir beispielsweise das andere Seilende an der gegenüberliegenden Wand in der richtigen Höhe festbinden, können wir es vortrefflich alleine in den passenden Takt versetzen, um das Hüpf-Kind die Arbeit machen zu lassen. Wenn wir gemein wären, dann würden wir behaupten, dass sich der Boss ganz leicht durch einen Haken an der Wand ersetzen lässt. Zumindest, wenn es sich bei den Vorgesetzten um notorische Gegenschwinger:innen, Überdreher und Saboteure handelt. Schwingungsfähige Bosse wären hingegen eine Hilfe. Sie bieten Stabilität, weil sie das Seil gut festhalten. Umso leichter fällt uns das Gegensteuern, wenn die Kordel mal zu sehr durchhängt oder wenn sie zum Reißen gespannt ist. Zudem wäre die schwingungsfähige Führungskraft in der Lage, im richtigen Moment mitzuschwingen, damit unser Seil auch mal richtig schnell rotiert.

Jetzt stellen Sie sich bitte die Turnhalle vor, in der die gesamte Schulklasse diese Übung macht. Solange die Schwinger:innen ihre Arbeit erledigen dürfen, bleibt alles in Balance. Sobald sich aber Gegenschwinger:innen an den Seilen zu schaffen machen und dabei die Harmonie aus dem Takt bringen, verwandeln sie das ganze Szenario in ein Chaos.

Das Phänomen ist auch als die Helikopter-Problematik bekannt. Dabei fliegt der rotierende Boss in die

Abteilungen, wirbelt viel Staub auf und bringt alles durcheinander. Dann hebt der Hubschrauber ab und vollzieht die Prozedur woanders. Nachdem das Bodenpersonal wieder alles mühsam geordnet hat, kommt die Helikopter-Führungskraft erneut und sorgt mit ihrem Luftstrudel für Verwirrung. Ob als Helikopter oder als arhythmischer Gegenschwinger – solche Bosse sind schlicht eine Zumutung.

Unser kleiner Ausflug in den Schulsport hat gezeigt: Die Arbeitswelt der Erwachsenen mit ihren blöden Bossen kann nach den gleichen Mustern bei uns Stress auslösen wie manch traumatisches Turnhallenerlebnis in der Kindheit. Es kann die bravste Schwingerin nicht in Frieden ihre Arbeit machen, wenn es dem bösen Gegenschwinger aus der Chefetage nicht gefällt.

Welche Lehren ziehen wir daraus? Es hängt von den Schwinger:innen ab, ob am Ende der anstrengenden Übung möglichst oft und unfallfrei gehüpft worden ist. Wenn die Chefin und der Chef nicht schwingungsfähig sind, dann sollten wir ihnen so selten wie möglich das zweite Seilende zum Festhalten überlassen. Seilspringen funktioniert nämlich auch alleine sehr gut. Es ist sogar eine der effektivsten Trainingsmethoden, würde unser alter Sportlehrer wohl sagen.

Leider sind die Gegenschwinger:innen gar nicht so selten. Sie handeln kaum aus bösem Willen. Das ist wichtig, um Verständnis für ihre Lage aufzubringen. Die Gegenschwinger:innen wissen es einfach nicht besser. Womöglich sind sie unsicher. Sie schaffen es nicht, den Schwinger:innen zu vertrauen. Vielleicht haben sie Angst, dass es ohne ihr

Mittun nichts wird. Und weil die Verantwortung und der ganze Druck des Versagens auf ihnen lasten, machen sie schneller, immer schneller.

Ein ähnliches Trauerspiel veranstalten die Mikromanager:innen. Ihr übereifriges Tun ist eng verwandt mit der Gegenschwinger-Verwirrung und bringt die Mitarbeitenden ebenso zur Verzweiflung. Dennoch sind es die Mikromanager:innen wert, von uns gesondert betrachtet zu werden.

6.2 Die Mikromanagement-Malaise

Delegieren zu können ist eine Kunst. Wäre natürlich toll, wenn die Chefin und der Chef diese Kunst beherrschen würden. Die Mitarbeitenden sinnvoll einsetzen, das sei ja irgendwie deren Job, könnte man jetzt naiverweise behaupten. Bosse bestimmen das große Ganze. Dafür bekommen sie ja auch das zusätzliche Geld. Als Kapitän:in auf der Brücke richten sie ihre Augen quasi in Richtung des Makro-Ziels am Horizont und nicht zum Klein-Klein-Geplänkel vor dem Bug. Sie brauchen sich weniger um die vielen Details kümmern, denn dafür haben sie ihre Fachleute unter sich, die dafür bestens in der Lage sind. Am Ende muss das Resultat stimmen und alle sind glücklich.

Tja, da haben wir mal wieder zu viele Erwartungen in unsere tägliche Arbeit gesteckt. Die Praxis sieht leider anders aus. Weil das Berufsleben keine Wünsch-dir-was-

Veranstaltung ist, kommt es, wie es kommen musste. Die Verwirrung stiftenden Gegenschwinger:innen aus dem vorangegangen Kapitel konnten es einfach nicht zulassen, dass wir unsere Arbeit in dem für uns richtigen Takt erledigen. Mit den Mikromanager:innen ist es nun dasselbe Dilemma. Sie lassen uns nicht in Ruhe arbeiten. Darüber hinaus besitzen sie mit ihrer unfassbar kleinlichen Art das fragwürdige Talent, die Stimmung in bedrohlich niedrige Sphären sinken zu lassen. Und wir sind einmal mehr ausgebremst und schwer enttäuscht.

Beispiel gefällig? Aus meiner eigenen Leidenszeit kann ich eine Geschichte dazu erzählen. Langsam glaube ich zwar, hier tatsächlich ein Therapiebuch zu verfassen. Mit dem Schreiben will ich meine schlimmen Erfahrungen loswerden und auf die Seiten bannen. Aber warum auch nicht? Wenn es mir und im Optimalfall auch Ihnen helfen sollte, dann wäre das ja super. Und nun zum Beispiel: Damals hätte ich gerne gewusst, was genau mit meinem Chef nicht stimmt. Dann wäre es mir vielleicht gelungen, das groteske Schauspiel irgendwie einzuordnen. Er war der Geschäftsführer eines Industriebetriebs und könnte der Wissenschaft als Fallbeispiel für Mikromanagement dienen. Wahrscheinlich ist im Lexikon der Managementfehler unter dem Begriff Mikromanagement mittlerweile ein Foto von ihm zu finden. Mitsamt einer Warnung, seine Launen nicht persönlich zu nehmen.

Die Farce mit dem Brief. Es war eine echte Malaise. Mit diesem schwer gestörten Chef auch nur einen Schritt weiter zu kommen, erwies sich als extrem mühsam. Ich hatte von ihm die ohnehin schon fragwürdige Aufgabe erhalten, mich um den schriftlichen Kontakt zur Kundschaft zu kümmern und deren Zuschriften in möglichst schön formulierten Briefen zu beantworten. Fragwürdig deshalb, weil ich dachte, dass das Zusammenfügen von Standardformulierungen eigentlich nicht die große Herausforderung sein kann. Selten so falsch gedacht. Denn jeder Brief an die Kundschaft war am Ende seiner Entstehungsgeschichte ein Unikat. Dafür sorgte schon der Chef. Statt mir Spielraum zu geben und mich in meinem abgesteckten Rahmen machen zu lassen, formulierte, fabulierte und feilte er mit mir gemeinsam an den Sätzen. Es war eine unvorstellbare Farce. Jedes Komma musste ich ihm vorlegen und von ihm absegnen lassen. Als hätten wir nichts anderes zu tun, verbrachten der Chef und ich einen ganzen Vormittag damit, für einen einzigen unzufriedenen Kunden per Brief die innersten Beweggründe unserer Firmenphilosophie darzulegen. Und beim nächsten Brief fing dann das Theater wieder von vorne an.

Jetzt müssen Sie zum näheren Verständnis wissen, dass sich meiner Meinung nach an unseren Betrieb nur Kundinnen und Kunden wandten, die in vier Kategorien einzuordnen waren: Betrüger, Wichtigtuer, Irre und riesige Fans. Wobei die Übergänge fließend sind und durchaus alle vier Einschätzungen gleichzeitig vorkommen konnten. Die Fans waren am einfachsten zufriedenzustellen.

Dann kam der Brief des älteren Herrn, nennen wir ihn Herr Schmidtke. Herr Schmidtke war der festen

Überzeugung, dass unser Produkt im Herstellungsprozess in irgendeiner Form verändert worden ist. Denn frühere Produkte unserer Firma haben angeblich eine andere Wirkung auf sein Wohlbefinden gehabt. Die Techniker:innen bestätigten mir auf meine Nachfrage hin in ausführlichen Erklärungen, dass das besagte Produkt in den vergangenen Jahrzehnten noch nie verändert worden ist. Ich hoffe, Sie verzeihen mir, dass ich in meiner Beschreibung nicht näher darauf eingehen kann, weil sonst klar wird, um welche Firma es sich handelte. Auf alle Fälle hat sich Kunde Schmidtke einfach nur eingebildet, das Produkt sei verantwortlich für sein verändertes Befinden.

Kommen wir kurz auf die Mikromanager:innen zurück. Sie sind offenbar kein besonders seltenes Phänomen. Fachleute in den Bereichen Psychologie und Betriebswirtschaft haben das Problem in diversen Publikationen schon detailliert dargestellt. Wichtig ist, die Mikromanager:innen als solche zu erkennen. Wer begriffen hat, dass Chefin oder Chef zu dieser verbreiteten Spezies gehören, der versteht deren Tick. Wenn die Tragweite klar ist, lassen sich im besten Fall Strategien entwickeln, die an Besessenheit grenzende Reglementierung des Arbeitsalltags aufzubrechen.

Bei besagtem Geschäftsführer, der sich in meine Briefformulierungen und darüber hinaus in jede andere Kleinigkeit einmischte, hatte einer meiner Kollegen übrigens eine findige Vorgehensweise gefunden. Er legte alle Entscheidungen, die der Chef absegnen musste, diesem freitagnachmittags vor. Das ganze Büro war zu diesem Zeitpunkt schon in Wochenendstimmung. Es sollte schnell noch der Stapel auf dem Schreibtisch abgearbeitet werden. Da ließ sich der Stift, mit dem der Chef sein Kürzel unter die Anträge setzte, meist recht locker übers Papier führen.

Ob solch eine Strategie funktioniert, kommt auch auf die jeweiligen Persönlichkeiten und auf das Vertrauensverhältnis an. Mein damaliger Chef hatte wenig Vertrauen in meine Fähigkeit, ohne sein permanentes Eingreifen einen Antwortbrief an Kunden wie Schmidtke zu schreiben. Gleichzeitig – und das ist eine fatale Kombination – war sich der Chef selbst komplett im Unklaren darüber, wie denn nun die richtige Kommunikation aussehen sollte. Mir gegenüber hat er zwar so getan, als habe er ganz klare Vorstellungen von dem Kundenbrief. Allerdings änderte er bei jeder zweiten Eingabe seine Meinung. Mehrere dieser 180-Grad-Wendungen durfte ich im Brief vollziehen. Einmal hieß es, wir bedauern es sehr, dass der Kunde solch eine Erfahrung gemacht hat. Das könne ich doch so nicht schreiben, beschwerte sich der Chef, als er die entsprechende Briefversion in Händen hielt. Das würde ja bedeuten, dass wir eine Schuld eingestehen. Beim nächsten Mal war es dem Chef nicht herzlich genug. Ein bisschen Distanz sollte es aber auch sein. Er machte recht genaue Vorgaben für die Formulierung, die ich mir pflichtbewusst aufschrieb, dann in einen deutschsprachigen Satz verwandelte und als neue Briefversion dem Chef vorlegte. Aber nicht eine Version passte. Nach fünf Anläufen war immer noch kein Ende der Tortur in Sicht. Natürlich kamen auch irgendwann Selbstzweifel auf. Also bei mir. Bin ich wirklich zu blöd, einen Antwortbrief an einen Kunden zu schreiben? Wieviel Arbeits- und Lebenszeit will ich noch damit verschwenden? Zumindest drängten sich derartige Fragen und Gefühle auf, nachdem auch die Briefversionen sechs und sieben beim Chef durchgefallen sind.

Nicht alle beisammen. Mein Chef war ein Manager, der keine Ahnung davon hatte, was er eigentlich will. Er hatte sie nicht alle beisammen. Das heißt, die Mitglieder seines „Inneren Teams" (Schulz von Thun 1998) meldeten sich ungeordnet zu Wort und redeten durcheinander auf mich ein. Der Geschäftsführer fühlte sicherlich den Druck, eine Entscheidung treffen zu müssen. Er wollte halt auch nichts falsch machen. Deshalb war er bestrebt, jedes mikroskopisch kleine Detail zu kontrollieren. Sich auf seinen Mitarbeiter zu verlassen, hätte bedeutet, ein gutes Stück loszulassen. Ich hatte ja die ganze Vorarbeit geleistet. Alle Fragen zu Herrn Schmidtkes Brief waren eigentlich beantwortet und ausformuliert. Aber dem Chef war es nie gut genug und er klammerte sich lieber an Kleinigkeiten fest.

Irgendwann war das Werk dann doch vollbracht. Ein unterschriebener Brief, der in den meisten Passagen übrigens mit der allerersten Version, die ich dem Chef vorgelegt hatte, identisch war, ging an Herrn Schmidtke. Das Drama war damit leider noch nicht abgeschlossen. Der angehende Ex-Kunde meldete sich wenige Tage später telefonisch bei mir. Wie es denn sein könne, dass wir nach so vielen Jahren unser Produkt einfach verändert haben, wollte er wissen. Ich antwortete wahrheitsgemäß, unser Produkt sei noch nie verändert worden. So stehe es ja auch in dem Brief, der Schmidtke vorliegt und vom Chef höchstpersönlich unterschrieben worden ist. Nein, den Brief habe er nicht bis zum Ende gelesen, erwiderte Schmidtke. Das müsse er auch gar nicht. Unser Unternehmen solle einfach die Veränderung rückgängig machen und das Produkt wieder genauso herstellen wie früher, betonte der Kunde erbost. Seine Geduld sei jetzt überstrapaziert, schimpfte er. Überhaupt sei er schon längst zur Konkurrenz gewechselt. „Euer Saftladen kann mir gestohlen bleiben." Ohne Gruß legte er auf. Mit seiner letzten in den Hörer geschrienen Aussage hat mich der irre Schmidtke damals auf eine naheliegende Idee gebracht. Dem Saftladen Lebewohl sagen.

Alle Argumente, die wir in unserem Kundenbrief so akribisch angeführt haben, erwiesen sich als bedeutungslos. Welche feinverästelten Gedankenkonstrukte wir auch darlegten, um die Gunst des kritischen Schmidtke doch noch zu gewinnen – seine Theorie eines böswillig veränderten Produkts wollte er sich nicht ausreden lassen. Schmidtke hat unsere Ausführungen gar nicht vollständig gelesen. Ihm doch egal, wie wir uns aus der Misere manövrieren wollen. Sein Entschluss stand lange fest. Echt toll, dass ich einen halben Tag zusammen mit dem Geschäftsführer damit verbracht habe, den ausgeklügelten Antwortbrief zu verfassen. Und ich gehe davon aus, der Chef hätte in dieser verlorenen Zeit ebenfalls einer sinnstiftenderen Tätigkeit nachgehen können.

Bei Mikromanager:innen ist niemand davor gefeit, die eigentlich schnell entscheidbaren Dinge immer und immer wieder mit ihnen durchkauen zu müssen. So lange, bis aus den Ideen eine zähe Masse wird, die am Ende ausgespuckt im Müll landet. Ewiges Durchkauen droht vor allem dann,

wenn der Boss noch neu in der Position ist und alles besonders toll und richtig machen will.

Ich habe meine Schlüsse daraus gezogen. Auch wenn sie
sich im Berufsalltag nicht immer einfach umsetzen lassen,
versuche ich folgende Faustregeln zu beachten, um das
Mikromanagement in seine Schranken zu verweisen:

Selbstwirksamkeit ist mein erstrebenswertes Ziel. Niemand bringt mich davon ab, an meine eigenen Kompetenzen zu glauben. Handlungsspielräume und Freiheiten
nehme ich mir selbst heraus, statt auf den dysfunktionalen
Boss zu warten. Nicht lange fragen, einfach machen.

Leider kommt eine Dysfunktion selten allein. Wenn sich
zu allem Übel noch die Disharmonie gesellt, dann macht es
mit unseren blöden Bossen langsam echt keinen Spaß mehr.

6.3 Die Aufräum-und-Ordnungs-Disharmonie

Unübersehbar klebte das gelbe Zettelchen eines Morgens an meinem Computerbildschirm. „Das Aufräumen des Schreibtischs nach Feierabend gehört auch zum Dienst", stand darauf geschrieben. Häh? Wie kann denn nach Feierabend noch Dienst stattfinden? Die Logik erschloss sich mir nicht auf Anhieb. Klar war indes, dass es sich um die Handschrift eines meiner Vorgesetzten handelte. Sein Aufräum-Tick war legendär. Also, zumindest waren seine Dokumente akribisch sortiert und abgelegt.

Im krassen Widerspruch dazu spottete sein Büro allerdings jeder Beschreibung. Vergilbte Poster von TV-Stars aus den 90er-Jahren prangten notdürftig mit Klebefilm befestigt an den Wänden. Zeitungsstapel mit den Ausgaben der vergangenen Jahrzehnte lagen sorgsam verstaut und beschriftet in den Regalen. Und neben der versifften Computertastatur war ein Aschenbecher so voll mit Kippen drapiert, dass er wie ein stinkendes Mahnmal anmutete, das auf die Suchtgefahr am Arbeitsplatz hinweisen sollte. Rauchen im Büro war damals ja noch okay. Ein fragwürdiges Memo als Botschaft zu hinterlassen, offenbar auch. Möglichst unpersönlich die Kommentare verbreiten, das war die Kommunikationsvorliebe dieses Vorgesetzten. Er drapierte lieber das Zettelchen mit einem gekritzelten Merksatz, anstatt mit mir zu sprechen. Das erschien mir übergriffig und schräg zugleich.

Gleichzeitig offenbarte diese denkwürdige Situation ein Grundbedürfnis im Büroalltag. Aufzuräumen und damit eine feste Ordnung zu etablieren, ist einer der klassischen

Zielkonflikte im Mit- und Gegeneinander unserer Arbeitswelt. Das Problem des angeblich unaufgeräumten Schreibtischs habe ich damals pragmatisch gelöst. Alles wanderte
in eine leere Schublade. Ich hatte Glück, dass der Vorgesetzte keinen gelben Zettel drangeklebt hat, um mitzuteilen,
dass nach Feierabend auch Schubladeninhalte umsortiert
werden sollten.

Ordner schaffen normierte Ordnung. Im Zweifels-
fall wird sowieso abgeheftet. Was wäre eine Büroorganisa-
tion ohne Ordner und die entsprechenden Ordnungssys-
teme? Wenn Ordnung dem Sprichwort zufolge das halbe
Leben ist, dann macht die Ordnung schätzungsweise ein
gutes Dreiviertel des Arbeitslebens aus. Ordner gehören
deshalb oft untrennbar zum Büroalltag. Die sogenannten
Vorgänge werden in den normierten Dateimappen feinsäu-
berlich abgeheftet. Ganze Regalwände sind auf diese Weise
bestückt. Sie bilden das graumelierte Interieur vieler Bü-
rostuben.

Dabei hat jeder Mensch vermutlich sein ganz eigenes
Verständnis von Ordnung. Dieser Sinn ist individuell ausgeprägt. Wo Individuen aufeinandertreffen und unterschiedliche Vorstellungen kollidieren, dort entscheidet am
Ende leider oft der Boss über Sinn oder Unsinn des einzu-
haltenden Ordnungssystems.

Die drei Bosse mit dem Tick. Ich erinnere mich an
mindestens drei Bosse, die mir mit ihrem Aufräum-Tick
ziemlich auf die Nerven gegangen sind. Der erste war der
eingangs erwähnte Zettel-Fetischist, dem ein aufgeräumter

Schreibtisch über alles ging. Dieser Vorgesetzte war noch am einfachsten zufriedenzustellen. Dank der vielen Schubladen und Schrankfächer, die das Chaos schluckten, war meine Schreibtischoberfläche meist trist und steril und für meinen Chef damit sehr akzeptabel.

Boss Nummer zwei in der Riege der zwangsgestörten Aufräumer:innen war eine Chefin mit einer Vorliebe für digitale Ordentlichkeit. Ein überquellendes E-Mail-Postfach erschien für sie wie ein rotes Tuch. Sie zwang mich und meine Kolleg:innen dazu, elektronische Nachrichten regelmäßig und umfassend zu löschen. Am Ende des Arbeitstages durfte keine E-Mail mehr im Eingang stehen. Die Mails in Unterordner zu verschieben, war erlaubt. Allerdings kontrollierte die Chefin auch die Unterordner und veranstaltete dort spätestens am Ende der Woche eine große Löschaktion.

Die Aufräumerin widmete sich in ihrem Ordnungssinn nicht nur der E-Mail-Korrespondenz, sondern unserer kompletten digitalen Arbeitsstruktur. So forderte sie permanent, dass wir endlich unsere Dateien auf den PC-Festplatten aufräumen sollen. Ihr schwebte dabei vor, dass ich neue Dokumente nicht einfach in einem Ordner speichern darf. Stattdessen sollte ich ständig prüfen, ob die Daten nicht gelöscht oder anders sortiert werden könnten. „Haben Sie die Ordner endlich ausgemistet?", war eine ihrer meistgestellten Fragen. Dass das alles großer Mist war, wurde mir recht schnell klar. Aber was sollte ich tun bei einer Chefin, die allen Speichermedien, Festplattenarchiven und Suchfunktionen zum Trotz von einer digitalen Ordnung träumt, in der reduzierter Purismus zur Grundidee ernannt wird? Die

Dateien waren aus den Augen und damit aus dem Sinn. Ganz so wie Wilhelm Busch schon sagte:

> Wenn mir aber was nicht lieb,
> Weg damit! ist mein Prinzip.

Kommen wir zu Fallbeispiel Nummer drei meiner ordnungsliebenden Ex-Bosse. Ich nenne ihn den Amok-Aufräumer. Wie der Name impliziert, handelte es sich bei ihm um den radikalsten Ordnungs-Fanatiker. Er hielt sich nicht lange mit Schreibtischen oder E-Mail-Postfächern auf, sondern haute richtig rein. Er war der Chef einer Agentur, für die ich einst gearbeitet habe. Für seine cholerischen Ausbrüche war er berüchtigt. Diese kamen wie aus dem Nichts. Lange Zeit zeigte er sich den Mitarbeitenden gegenüber sehr höflich und zurückhaltend. Es war fast so, als brodelte in ihm der Frust komplett unbemerkt vor sich hin, bis er sich unvermittelt in einer gewaltigen Anschiss-Eruption über die betroffenen Mitarbeiter:innen ergoss. Ich selbst hatte das Glück, nie von dem zornigen Vulkan überschüttet zu werden. Bei einem seiner Ausbrüche war ich aber dabei.

Zum Opfer des Amok-Aufräumers wurde ein von mir geschätzter Kollege, der das kreative Chaos wie kein anderer verkörperte. Zugegeben – sein Arbeitsplatz hatte einen durchaus eigenwilligen Charme. Von Ordnungssystemen hielt der Kollege nicht viel. An der Wand stand ein Regal, das nicht wie bei den anderen Kolleg:innen mit sortierten Büchern und Akten bestückt war, sondern ein solches Durcheinander bot, dass es beinah als modernes Kunstwerk hätte durchgehen können. Ähnlich originell hatte er unzählige private und dienstliche Habseligkeiten auf dem Schreibtisch verteilt und ebenso auf den Fensterbrettern und dem Fußboden.

Der Kreativ-Kollege mit seiner Chaos-Kunst war so etwas wie der Gegenspieler des Amok-Aufräum-Bosses. Die beiden standen sich unerbittlich und in größtmöglicher Entfernung gegenüber. Jeder verkörperte bei der Frage der Bürogestaltung einen anderen Pol auf dem Globus unserer Agenturwelt. Der Boss setzte sich am Ende dank einer vehementen Wut-Eruptionsphase durch. Unter lautem Schimpfen verschaffte er sich Zugang zum Büro meines Kollegen. Die Aktion war anscheinend doch nicht ganz spontan, sondern länger geplant. Denn der Chef hatte große Umzugskartons und einen Rollwagen dabei. Kaum hatte der Kreativ-Kollege den Ernst der Lage erkannt, war der Chef schon fast fertig damit, sämtliche Gegenstände vom Schreibtisch und aus dem Regal in die Kartons zu fegen. Der Agenturchef hätte auch als Umzugsunternehmer Karriere machen können. Was er an Sorgfalt vermissen ließ, machte er mit Schnelligkeit mehr als wett. Innerhalb von wenigen Minuten war der größte Teil des Krimskrams in den Kartons und auf dem Rollwagen verladen.

Mein bedauernswerter Kollege konnte nur zuschauen. „Das kommt alles auf den Müll", schimpfte der Boss und schob mit großem Eifer die Sachen aus dem Büro in den Fahrstuhl – immer noch fluchend und schnaubend. Wir dachten, er macht einen Witz. Aber unten angekommen, steuerte unser Amok-Aufräumer tatsächlich die großen Müllcontainer an und schmiss die komplette Wagenladung dort hinein.

Vom Fenster aus beobachteten wir danach unseren Chaos-Kollegen, wie er verzweifelt in den Container stieg und dort nach seinen Sachen wühlte. Sein Anblick löste in mir Mitleid aus. Wobei diese Szene und die komplette Aufführung auch ziemlich komisch waren. Niemand wagte sich, dem Kollegen dabei zu helfen, seine Sachen zu retten und aus dem Müll zu ziehen. Der Kollege wiederum traute sich nicht, sein Zeug wieder hoch ins Büro zu räumen. Stattdessen schmiss er alles in den Kofferraum und auf den Rücksitz seines Autos. Ich vermute, es liegt heute noch dort.

Die Hoheit über den Arbeitsplatz. Die Aufräum-und-Ordnungs-Disharmonie führt uns eine grundlegende Frage vor Augen: Wer hat eigentlich die Hoheit über den Arbeitsplatz? Der Mensch, der dort schuften muss und sein halbes Leben an dieser Stelle verbringt? Oder Chefinnen und Chefs, die hin und wieder reinschneien und die Mitarbeitenden zwingen, das Arbeitsleben nach äußerst subjektiven Vorstellungen zu ordnen?

Bis zu einem gewissen Punkt ist es ohne Zweifel sinnvoll, Dokumente, auf die die gesamte Organisation zugreifen muss, an einer auffindbaren Stelle zu hinterlegen. Ein Ordnungssystem erweist allen Mitarbeitenden wertvolle Dienste. Aber es gibt eben auch vermeintliche Chaotinnen und Chaoten, die erst dann zu kreativer und produktiver Höchstform auflaufen, wenn sie um sich herum ein für Außenstehende unentwirrbares Durcheinander veranstaltet haben. Sie haben es schwer in einer Arbeitswelt, in der Aufgeräumtheit immer noch als eine besonders erstrebenswerte Tugend erscheint.

Die Bosse in unseren Beispielen nutzen ihre Position als Demonstration der Macht. Sie haben Freiheiten beschnitten, indem sie Vorschriften aufstellten, ohne die Betroffenen dabei mitzunehmen. Niemand hat Lust, sich erziehen zu lassen. Wenn ich aufräumen will, dann mache ich es aus eigenem Antrieb und nicht, weil es mir aufgezwungen wird. Dabei entscheide ich selbst, welche Ordnung für mich passt. Das sieht auch Aufräumcoach Gunda Borgeest so. Die Ordnungsexpertin sagt, dass Aufräumen keine lästige Pflicht sein muss. Bei ihrer Beratung begibt sie sich mit den Klient:innen auf die gemeinsame Suche nach der individuellen schönsten Ordnung. Das heißt, jeder räume nicht für andere auf, sondern für sich selbst, um das eigene Leben lebenswerter zu machen (Borgeest 2019).

In keinem unserer Beispiele ist es den Bossen gelungen, ihre jeweilige Vorstellung von Ordnung bei den Mitarbeitenden auf Dauer durchzusetzen. Kurzfristig mögen sie Erfolg haben. Aber auf längere Zeit fallen die Mitarbeitenden in die eigene Systematik zurück. Die Übergriffigkeit der Bosse gibt es in unterschiedlich starken Ausprägungen – vom Leerer-Schreibtisch-Fetischisten über unsere Daten-Löscherin bis zum Amok-Aufräumer. Alle lösen bei den Kolleg:innen einen Widerstand aus, der nur gebrochen und aufgelöst wird, wenn die Betroffenen eine entsprechende Einsicht haben und das wirklich auch wollen.

Dazu passt eine alte chinesische Weisheit, die besagt:

Wenn die Regierenden so regieren, dass sie die Stimmung der von ihnen Regierten kennen, so wird Ordnung herrschen;

kennen sie sie nicht, so tritt Verwirrung ein.

Austausch auf Augenhöhe. Wie sieht unsere individuelle Stimmungslage aus? Herrschen Ordnung oder Verwirrung? Diese Fragen sollten wir uns regelmäßig stellen. Um die Struktur in einer Organisation von vermeintlicher Unordnung zu mehr Aufgeräumtheit zu verändern, braucht es zuerst einmal einen aufgeräumten Kopf. Außerdem ist die Bereitschaft nötig, aufeinander zuzugehen. In unserem Beispiel hätten der Amok-Aufräumer und der kreative Chaos-Kollege miteinander reden können, um sich kennenzulernen und mehr voneinander zu erfahren. Klingt banal, aber sich auf Augenhöhe auszutauschen, hilft in vielen Fällen weiter. Jeder weiß danach vom anderen, wie er zu seinem Standpunkt überhaupt kam.

Vielleicht braucht der vermeintliche Chaot das Gefühl, die Übersicht zu behalten. Deshalb muss er alle für die Arbeit notwenigen Unterlagen vor sich ausbreiten. Was im Aktenordner abgeheftet ist, so glaubt er, verschwindet aus seiner Wahrnehmung.

Ganz anders sieht es aus bei dem Gegenspieler, dem Amok-Aufräum-Boss. Er hat ebenfalls gute persönliche Gründe dafür, dass er seine Ordnung so vehement vertritt. Seine genauen Motive kenne ich zwar nicht. Es wäre aber zum Beispiel eine plausible Annahme, dass er glaubt, sein Werdegang in der Agentur ist das Resultat einer ganz straffen Vorgehensweise. Das Aufräumen steht als Symbol dafür, die schwierigen Anforderungen zu meistern und alles wohlgeordnet im Griff zu haben.

Vielleicht stellt sich am Ende eines solchen Gesprächs ja heraus, dass die Disharmonie zwischen den beiden Modellen gar nicht so groß ist. Womöglich tut dem strengem

Aufräumer ein bisschen mehr Chaos gut und der Kreative braucht dafür etwas mehr Struktur. Gemeinsam die richtige Dosis zu finden, das würde allen helfen. Wir geben die Hoffnung nicht auf, dass es trotzdem miteinander klappen kann.

7. Wie es trotzdem mit uns klappen könnte

Es passt einfach nicht zusammen – oder nicht mehr zusammen. Unsere Gesellschaft ist divers, demokratisch, durchaus zur Weiterentwicklung fähig und auch bereit dazu. Doch tradierte Systeme, wie wir sie in unserem beruflichen Kontext nicht selten finden, stützen sich weiter auf überholte Ordnungen der zwischenmenschlichen Interaktion. Ganz selbstverständlich empfinden wir es als wenig zielführend und erstrebenswert für uns und unsere Mitmenschen, in einem autokratischen Herrschaftssystem leben zu müssen, in dem eine unkontrollierte Obrigkeit ihre Macht ausübt. Doch unsere Bosse haben Macht. Macht kann missbraucht werden. Auf vielfältige Art und Weise finden Übergriffe statt. Selten ist das leider nicht. Eine Studie im Auftrag der Antidiskriminierungsstelle des Bundes aus dem Jahr 2019 hat gezeigt, dass jede elfte erwerbstätige Person in den vergangenen drei Jahren sexuelle Belästigung am Arbeitsplatz erlebt hat. 19 Prozent der Belästigungen gingen von Vorgesetzten oder betrieblich höhergestellten Personen aus. Viele Menschen, die in ihrem Arbeitsumfeld zu Opfern geworden sind, haben vermutlich aus Scham geschwiegen oder aus Angst, ihren Job zu verlieren. Warum ertragen wir solch ein unsägliches diktatorisches System auf unseren Arbeitsplätzen?

Die Opfer brauchen Hilfe. Wir alle brauchen mehr Sensibilität für das Problem. Mit Jammern hat das nichts zu tun. Es geht auch nicht darum, pauschal auf die blöden Bosse zu schimpfen und das System zu verfluchen. Das kann uns höchstens kurzzeitig Linderung verschaffen. Um längerfristig etwas zu verändern, dürfen wir nicht nur auf die anderen zeigen, sondern müssen bei uns selbst anfangen. Manche Menschen suchen nach einem erfüllenden und passenden Arbeitsplatz. Andere machen ihren Arbeitsplatz erfüllend und behaglich. Das Streben nach einer immer schöneren Arbeitsumgebung kann neue Energien freisetzen.

„Jede Arbeit an andern setzt Arbeit an sich selbst voraus."

Das sagte der Arzt und Philosoph Albert Schweitzer. Er betonte damit einen wesentlichen Hebel, der auf der Suche nach Veränderung allen zur Verfügung steht: die Arbeit an uns selbst.

Es ist wie so oft eine Einstellungssache. Klar, es dürfte ein schwacher Rat sein, in einer akut schwierigen Situation jemandem eine größere mentale Stärke zu empfehlen. Das klingt für die Opfer von Machtmissbrauch wie Hohn. Manchmal ist einfach jeder gute Wille sinnlos. Dann hilft nur noch, das unheilvolle Band zu trennen und zu gehen. Als Ultima Ratio bleibt am Ende einer gescheiterten Arbeitsbeziehung vermutlich nur die Kündigung.

Für die nicht ganz ausweglosen Fälle dürfte es in erster Linie wichtig sein, überhaupt zu erkennen, wie oder wo mich das Verhalten der Führungskräfte belastet. Danach kann ich mir überlegen, wie mir durch verschiedene Methoden eine Abgrenzung möglich wird.

Mobbing-Forscherin Christa Kolodej plädiert dafür, „sich früh zu stärken, für Entspannung zu sorgen und

Methoden zu finden, die helfen die je individuelle Fragestellung zu klären oder nachhaltige Entscheidungen zu treffen" (2018, S. 51). Mit Selbsthilfe und unterstützender professioneller Hilfe können unterschiedliche Techniken und Methoden angewandt werden. Dabei nennt Kolodej auch das Reflektieren des eigenen Verhaltens als Möglichkeit der präventiven Unterstützung.

Wo Menschen arbeiten, da menschelt es. Das ist nicht außergewöhnlich. Manchmal menschelt es im Beruf sogar ganz erheblich, sagt Friedemann Schulz von Thun (1998, S. 345) und bezeichnet das als durchaus wünschenswert. Denn Professionalität ohne Menschlichkeit verkomme zu einer kalten Instrumentalität. Dass es allzu sehr menschelt, sei allerdings auch nicht gut. Ein sich daraus entfaltendes kunterbuntes Gefühls- und Beziehungsdrama könne nämlich die Zusammenarbeit behindern.

Es braucht also eine ausgewogene Herangehensweise. Wir wollen in den folgenden Unterkapiteln den Blick auf mögliche Lösungen richten. Denn es muss doch Wege geben, wie es trotz aller Widrigkeiten mit uns gemeinsam in der Arbeitswelt klappen könnte.

7.1 Der pädagogische Ansatz – Ist ja wie im Kindergarten

Im Kindergarten waren die Erzieher:innen unsere Bosse. In der Schule standen die Lehrer:innen in der Hierarchie über uns. Dass im Konfliktfall die Kinder den Kürzeren ziehen, diese Erfahrung haben wir wohl alle machen müssen. Das Bildungspersonal hat eben den Auftrag, die Kleinen zu belehren und zu erziehen. An dieser Stelle sollte bestenfalls die Pädagogik ins Spiel kommen.

Sie haben sich mit Blick auf Ihre berufliche Situation vermutlich auch schon hin und wieder zu der Aussage genötigt gefühlt, es gehe zu wie im Kindergarten. Sagt sich ja schnell, aber was bedeutet das eigentlich? In unserem Kindergarten war es damals so, dass wir Kinder mehr oder weniger das machen durften, was wir wollten. Es waren die 80er-Jahre und es galt ein weitgehend anarchisches Prinzip in unserer Einrichtung. Wobei es schon auch Regeln gab. Ob diese immer pädagogisch wertvoll vermittelt worden sind, darf aus heutiger Sicht bezweifelt werden.

In der modernen Erziehungsarbeit ist die Inklusion zu einem wichtigen Punkt geworden. Alle sollen demnach den eigenen Fähigkeiten entsprechend gefördert werden. Alle Einzelnen sind jeweils wichtige Teile des Teams. Der eine kann vielleicht jenes gut, die andere tut sich dort leichter und ein Dritter hat seine Fähigkeiten in einem noch ganz anderen Bereich. Alle tragen ihren Part dazu bei. Dabei sollte die Gemeinschaft nach Möglichkeit viel mehr sein als die Summe ihrer Individuen. Im besten Fall bringt die

Kooperation das Unternehmen nämlich auf immer neue und ungeahnte Höhen. Die Gesamtleistung des Teams geht dann über die addierten Einzelleistungen der einzelnen Mitglieder weit hinaus.

Miteinander im Inklusionsbetrieb. Vor kurzem durfte ich einen Tag in einem Inklusionsbetrieb erleben. Der Chef dort ist ein gelernter Sozialpädagoge und heißt Lukas. Für Lukas ist es keine Frage, dass seine Mitarbeitenden unterschiedliche individuelle Fähigkeiten haben. Diese Fähigkeiten sind zudem abhängig von der Tagesform. Zu dem Team im Inklusionsbetrieb gehören neben Menschen ohne Behinderung auch Menschen mit Behinderung, die geistige oder körperliche Einschränkungen mitbringen. Es sind nicht alle gleich, aber alle sind gleichermaßen besonders. Niemand erfährt wegen seiner Fähigkeiten eine Auf- oder Abwertung.

Der Betrieb bietet Dienstleistungen für Büros an. Unter anderem stellen die Mitarbeitenden einfachere Druckerzeugnisse her und sie kopieren Dokumente und heften sie ab. Lukas darf als Betriebsleiter einem durchaus interessanten Laden führen. „Vom ersten Tag an habe ich gemerkt, dass da noch viel mehr von mir verlangt wird", verrät er. Denn Lukas managt nicht nur die Warenströme und die Produktion. Er regelt auch das Zusammenleben. Es menschelt extrem. Seine Mitarbeitenden bringen sich komplett mit ihrer Persönlichkeit ein. Das heißt, eine Trennung zwischen Privatleben und Beruf, die für Arbeitnehmende so wichtig sein kann, um einen gewissen Abstand zu halten, gibt es dort oft gar nicht. Der eine hat Stress mit seiner

Freundin. Die andere trauert um ihr verstorbenes Haustier. Und eine dritte Mitarbeiterin hat heute nur den einen Gedanken im Kopf, dass sie noch nach einem Geburtstagsgeschenk für ihren Vater sucht. Lukas erfährt alles.

Der Betriebsleiter probiert gar nicht erst, allen ein Konzept überzustülpen. Er berät sie und spricht wie ein guter Kollege und Freund zu ihnen. Dabei ist es offensichtlich, dass die Grenzen zwischen dienstlich und privat fließend ineinander übergehen. „Wer Stress daheim hat, kann nicht richtig arbeiten", sagt Lukas. Für ihn geht es darum, seine Teammitglieder so anzunehmen, wie sie sind. Auf welchem Weg am Ende des Tages die Arbeit erledigt worden ist, das überlässt er der Belegschaft alleine. An diesem Punkt kommt die Pädagogik ins Spiel. Lukas will das Team natürlich schon führen und im Sinne des Betriebs erziehen. Dabei geht es ihm nie darum, welches Mitglied behindert oder nichtbehindert ist. Alle sind anerkannt und gleichgestellt und haben das Recht, ihrer Arbeit selbstbestimmt nachzugehen. Lukas mag vor allem das Konzept des Empowerments. Das heißt, er ermächtigt und ermutigt die Mitarbeitenden, nach eigenen Kräften sich zunächst ihrer Möglichkeiten bewusst zu werden und in der Folge auch danach zu handeln. Alle brauchen die Kontrolle über ihr eigenes Leben. Wer andere entmündigt, sagt Lukas, der dürfe sich nicht wundern, wenn der Laden nicht läuft. Sein Inklusionsbetrieb ist nach den ersten schwierigeren Jahren durchaus eine etablierte Größe in der Geschäftswelt geworden.

Der russische Schriftsteller Leo Tolstoi formulierte ganz im Sinne eines jeden Inklusionsbetriebs sehr treffend:

„Um etwas leisten zu können, muss jeder seine Tätigkeit für wichtig und gut halten."

Pädagogische Ansätze wie Empowerment helfen übrigens dem gesamten Team, zu dem auch die Führungskraft gehört. Mit seiner Einfühlsamkeit steht Lukas den Mitarbeitenden zur Seite. Aber die Wege der Bildung und Erziehung sind keine Einbahnstraße von oben nach unten. Es geht für alle darum, selbst die Kontrolle über das eigene Leben zu übernehmen. Nicht in Passivität erstarren. Nicht darauf warten, dass der Boss den ersten Schritt hin zu einem ermächtigten Team tut. Stattdessen selbst Wege finden, wie sich das eigene Umfeld aktiv gestalten lässt. Das fängt oft mit kleinen Dingen an.

Wenn die Chemie stimmt und das Empowerment seine Wirkung entfaltet, dann können die Mitglieder des Teams sich gegenseitig unter die Arme greifen. Alle tragen dazu bei, zusammen mit den anderen den eigenen Alltag zu reflektieren oder zu spiegeln. Im besten Fall gelingt es, die eigenen Fähigkeiten voll zu entfalten und Tag für Tag dazuzulernen. Wie Lukas erklärt, gehe es kurz gesagt um folgendes: „Die Stärken stärken und die Schwächen schwächen." Es ergebe doch keinen Sinn, wenn sich ein Team nur an seinen vermeintlichen Defiziten orientiert. „Wir legen den Fokus auf die vielen Möglichkeiten, die uns offenstehen", betont der Geschäftsleiter. Allen werde ermöglicht, den eigenen Weg hin zu einer selbstständigen Lösung zu finden und zu begehen. Die Teammitglieder tun nicht das, was ihnen auferlegt wird, sondern sie wissen als

Expertinnen und Experten für sich selbst, ihre Fähigkeiten einzusetzen.

Lukas ist als Boss nicht der große Anleiter, sondern vielmehr der Zuhörer, der Reflektor, der Fragesteller und der Impulsgeber. Weil Lukas clever ist, profitiert gleichzeitig er von den Eingaben der Mitarbeitenden. Denn weil alle wirklich alles sagen dürfen, bringen alle etwas zum Wohl der Gemeinschaft ein. Oft gehe es darum, einfach mal zu machen, dann steigen die anderen darauf ein und ziehen mit. Die gebündelten Stärken lassen das ganze Team kräftiger werden. Alle sind in der Lage, die anderen zu motivieren und mit ihrer Energie anzustecken, um Schwung in die zu Masse zu bringen.

Das A und O ist für Lukas das Reflektieren. Was genau darunter zu verstehen ist, erörtern wir im nächsten Kapitel. Auf alle Fälle will Reflektieren gelernt sein. Alle können es tun. Aber es braucht Übung.

7.2 Reflektieren lernen – Wie wir die Metaebene betreten

Stellen wir uns eine Situation vor, wie sie für unseren Arbeitsalltag typisch ist. Meinetwegen eine Konferenz. Wir sitzen mit den Kolleg:innen am Tisch und gehen wie tausend Mal zuvor unserem Beruf nach, indem wir versuchen, möglichst unbeschadet das Minenfeld der Befindlichkeiten, Misstöne und offenen Feindseligkeiten zu durchqueren. Und nun nehmen wir zur Abwechslung eine Position als Zuschauer von oben ein.

Was würden wir als übergeordnete Beobachtende denken und fühlen, wenn wir uns selbst zusammen mit den jeweiligen Akteur:innen unten auf der Bühne der Arbeitswelt zusehen könnten? Schlüpfen wir doch in die Funktion von Theaterkritiker:innen, die das Stück rezensieren und die Darstellenden bewerten. Wo liegen deren jeweilige Stärken und Schwächen in der Kunst des Miteinanders?

Kommunikationspsychologe Friedemann Schulz von Thun (1998, S. 77) bringt es – wie so oft – auf den Punkt: „Das Geheimnis für ein produktives Arbeits- und Seelenleben (mit Effektivität nach außen und gutem „Betriebsklima" nach innen) liegt im gelungenen Zusammenspiel von kooperativer Führung und Teamarbeit." Zur Kooperation gehört es, einander zuzuhören, jede Wortmeldung wertzuschätzen und sich zu beraten. Schulz von Thun vertritt die Auffassung, dass eine wechselseitige Gefolgschaft zwischen Oberhaupt und Team und ein Zusammenspiel nötig sind (1998, S. 122). Passenderweise verwendet er häufig das Bild von der Theateraufführung. Es gibt Hauptdarsteller und stillere Rollen im Hintergrund. Wichtig ist deren harmonisches Miteinander. „Der Führende kann in dem Maß auf Akzeptanz und Gefolgschaft hoffen, wie er sich seinerseits führen lässt, wie er das, was in den Köpfen und Herzen seiner Geführten versammelt ist, mit gutem Gespür aufnimmt, gestaltet, verwandelt (1998, S. 122)." Schulz von Thun geht davon aus, dass für eine gute Kommunikation nach außen das Individuum zunächst in sich selbst hineinblicken sollte, um seine diversen inneren Stimmen zu identifizieren. Nur mit der Bereitschaft, an sich selbst zu arbeiten, sei es möglich, einer richtigen Kommunikation näher zu kommen (1998, S. 18 ff.).

Reflektieren ist also elementar. Kommen wir zurück zu unserer Theaterszene. Stellen Sie sich bitte einen großen Spiegel vor, der den Lichtstrahl eines Scheinwerfers zurückwirft. Je nachdem, in welche Richtung Sie den Spiegel kippen, beleuchten Sie mit dem reflektierten Licht die Dunkelheit um uns herum auf der Bühne. Fällt der Strahl vielleicht auf einen Aspekt, den Sie bei all dem Ärger mit den Kolleg:innen noch gar nicht beleuchtet hatten? Beim langsamen Hin- und Herschwenken unseres Spiegels können wir uns über die Situation allmählich ein klareres Bild verschaffen. Hingegen lösen laut Schulz von Thun (1981, S. 70 ff.) falsche Bilder und Selbstbilder die klassischen Empfangsfehler in der Kommunikation aus.

Als Reflexion bezeichnen wir zweierlei: Es ist zum Ersten das vom Spiegel zurückgeworfene Bild. Zum Zweiten ist die Reflexion das kritische und selbstkritische Nachdenken.

„Selbstreflexion und Veränderungsbereitschaft sind Kompetenzen, die eng miteinander verbunden sind", schreiben Pastoors und Becker (2019, S. 36). Nur wer sein Handeln reflektiert und sich auf Veränderungen einstellt, der könne sich auch selbst verändern. Solche Kompetenzen seien schlichtweg in allen Bereichen des Lebens gefragt (2019, S. 36).

Achtsamkeit kann ein Schlüssel dafür sein, um das Reflektieren zu lernen und die Metaebene sicher zu betreten. Auch wenn das Prinzip komplex ist und eigene Bücher füllt, will ich an dieser Stelle zumindest kurz darauf eingehen. Um ein umfassenderes Bild von Achtsamkeit zu erhalten, sind weiterführende Literatur und Kurse empfohlen, wie Sie unter anderem von den Krankenkassen angeboten werden.

Das Programm zum Thema Achtsamkeit heißt MBSR. Die Abkürzung steht für *Mindfulness-based Stress Reduction,* also eine Achtsamkeitsbasierte Stressreduktion. Der MBSR-Verband erklärt unter seiner Internetadresse www.mbsr-verband.de im Detail, was es damit auf sich hat. Dort heißt es: „Achtsamkeit ist das ruhige und gelassene Wahrnehmen von allem, was um und in uns auftaucht. Das können auch beunruhigende oder schmerzhafte Gefühle und Gedanken sein." In zahlreichen wissenschaftlichen Studien ist die Wirksamkeit von MBSR bereits nachgewiesen worden.

Die Welt einfach mal so sein lassen, wie sie ist. Das fällt uns im Alltag enorm schwer. Ich weiß, dass es nicht leicht ist, die Einstellung zu verändern. Aber wir sollten die Chance dazu nicht leichtfertig vergeben.

„Die Welt bricht alle und danach sind viele stark an den gebrochenen Stellen."

Das Zitat stammt vom Schriftsteller Ernest Hemingway. Der Autor des Romans „Der alte Mann und das Meer" und Literaturnobelpreisträger hat beobachtet, dass wir es als Menschen wahrscheinlich noch nie leicht hatten. Deshalb erscheint es als gar nicht so außergewöhnlich, an der (Arbeits-)Welt zu zerbrechen. Hemingway wusste, dass uns die innere Stärke helfen kann, die gebrochenen Stellen zu kitten. Um den Gedanken weiterzuführen: Unser Sprung in der Schüssel erweist sich im Lauf der Zeit womöglich als Superkraft. Dank des stabilen Spezialklebers halten wir die Schüssel als Sinnbild der eigenen Persönlichkeit fest zusammen. Entscheidend ist, den passenden Klebstoff zu finden, der die gebrochenen Teile verbindet. Der Klebstoff könnte die innere Stärke sein, die in allen von uns mehr oder weniger verborgen liegt. Finden wir unsere Stärken! Jeder hat genügend solcher Eigenschaften, die er selbst gut an sich findet.

Mir ist zum Beispiel klar geworden ist, dass ich passabel schreiben kann. Ich glaube, es fällt mir leicht, die richtigen Formulierungen zu finden. Bei einer meiner früheren Arbeitsstellen lief es so: Wollte der Boss einen Text, dann konnte er diesen schnell, präzise und umfassend von mir bekommen. Hingegen hatte ich Mühe, der Grafik und dem Layout die richtige Form zu geben. Einer Kollegin ging wiederum die grafische Gestaltung leicht von der Hand. Dafür scheute sie sich vor Texten. Eigentlich war es banal: Wir beschlossen, gemeinsam mit dem Vorgesetzten die Aufgaben entsprechend unserer Fähigkeiten umzuverteilen. Die Wirkung setzte sofort ein. Die Konzentration auf die individuellen Stärken hat die Gesamtstärke unseres Teams um ein Vielfaches potenziert.

Stark zu sein heißt, ganz klar zu benennen, was mir nicht liegt und womit ich im Arbeitsalltag Probleme habe. Eine Abgrenzung ist nötig. Nicht alle Aufgaben einfach annehmen und erledigen, sondern deutlich machen, wo die eigenen Fähigkeiten enden. Was gehört zum Job? Wo und wann wird die Grenze überschritten? Je deutlicher ich dem Boss sage, auf welche meiner Stärken er setzen kann, wozu ich bereit bin und was für mich nicht mehr okay ist, desto besser kann er sich im Alltag darauf einstellen. Als Berufsanfänger bin ich nie auf die Idee gekommen, den Umfang, die Art und das Ausmaß meiner Arbeit zu hinterfragen und selbst festzulegen. Ausgenutzt zu werden, ist eine logische Folge der fehlenden Abgrenzung.

Damit es miteinander klappen kann, müssen die Teammitglieder darüber sprechen. Das gemeinsame Reflektieren gehört für mich untrennbar zur Arbeit dazu.

Trauen wir uns, in den persönlichen Gesprächen offen zu sein. Welche Ängste liegen verborgen hinter unseren Taten? Chefinnen und Chefs, die ihre Mitarbeitenden gängeln, stehen wahrscheinlich selbst unter großem Druck. Die Bosse müssen Leistung bringen und Erfolge vorweisen. Den Druck reichen sie nach unten weiter und schaffen ein System, das mehr zum Scheitern als zum glücklichen Miteinander tendiert.

Der gemeinsame Traum. „Wir brauchen Gemein-schaften, deren Mitglieder einander einladen, ermutigen und inspirieren, über sich hinauszuwachsen." Das sagt der Hirnforscher Gerald Hüther als Leitsatz seiner Akademie für Potentialentfaltung. Eine Gemeinschaft von sehr verschiedenen Menschen sei dann kaum aufzuhalten, wenn sie fest entschlossen dazu ist, ihren gemeinsamen Traum zu verwirklichen (Hüther 2021, S. 11). „Heute werden Teams gebraucht; Leute, die zusammenarbeiten, anstatt sich gegenseitig überholen zu wollen. Mitarbeiter, die ihr Wissen und Können mit anderen teilen und auf diese Weise Leistungen hervorbringen, die kein Einzelner von ihnen zu erbringen imstande ist (2021, S. 15)." Der Neurobiologe hat mehrfach in Interviews und Podcasts betont, dass wir die eigene Haltung verändern können. Dazu brauche es die passenden Bedingungen. Menschen wollen nicht dressiert werden. Der Schlüssel liegt wohl darin, die anderen zu mögen und ihnen zu vertrauen. Wenn wir Wohlwollen geben, dann erhalten wir etwas zurück. Gerald Hüther betont, dass wir uns auch in der Arbeitswelt als Menschen behandeln sollten und nicht wie Objekte oder Werkzeuge, die bloß dazu benutzt werden, um wechselseitig die Ziele zu erreichen. Wahre Hinwendung also und kein stumpfes Abrichten (Hüther 2020).

Bosse sollten begreifen, dass die Mitarbeitenden keine Marionetten sind. Prinzipiell stellt der Mensch seine Arbeitskraft ja gerne für die Organisation, der er angehört, zur Verfügung. Wenn er dabei aber mehr und mehr das Gefühl bekommt, nur für andere Zwecke ausgenutzt zu werden, dann stellt er sein Tun in Frage.

Wilhelm Busch sagte dazu:
Das Schönste aber hier auf Erden
Ist lieben und geliebt zu werden.

Erwarten wir Liebe, dann müssen wir selbst auch Nächstenliebe zeigen. Es kommt auf die eigene innere Einstellung an. Das ist ein elementarer Hebel, um etwas zu bewegen. Die Perspektive ändern, die Haltung überdenken – beides nutzt uns im Alltag. Wer möchte, kann Hilfe von außen in Anspruch nehmen. Gute Trainer:innen für Kommunikation oder Supervisor:innen leisten wichtige Hilfe, um das Team voranzubringen. Das Ziel der Arbeit an der eigenen Haltung lautet: Sich nicht auf die wenigen negativen Dinge konzentrieren, sondern bewusst das Wahre, Schöne und Gute in den Fokus nehmen.

Von Meta zu Metta. Dafür plädiert auch Organisationsberater und Autor Sebastian Purps-Pardigol in seinem Buch „Leben mit Hirn" (2021). Er verrät uns zudem einen alten Trick, der sich Metta- oder Mitgefühlsmeditation nennt (2021, S. 236 ff.). Es geht dabei darum, sich auf andere Personen zu fokussieren und für sie Mitgefühl aufzubringen. Wir sollen jeweils an einen Menschen denken, den wir lieben, dann denken wir an uns selbst, dann an eine Freundin oder einen Freund und anschließend an eine neutrale Person. Zum Schluss, so empfiehlt der Autor, richten wir die Gedanken auf jemanden, mit dem wir in einem eher schwierigen Verhältnis stehen. Bei jeder Fokussierung sagen wir uns innerlich Sätze wie „Mögest du glücklich sein! Mögest du gesund sein! Mögest du die Wellen deines Lebens reiten! Mögest du in Frieden sein! Mögest du frei von

Leid sein! ... was auch immer das Leben dir anbietet!" Was bringt das Ganze? Die Sätze helfen, „den Zustand von liebender Güte sehr intensiv werden zu lassen" (Purps-Pardigol 2021, S. 239). Der Metta-Zustand wäre dann erreicht.

Mit anderen Menschen fühlen statt gegen sie zu arbeiten – das kann ein erster Schritt aus der Spirale der Beziehungsprobleme sein.

7.3 Vorsicht vor dem Horn-Effekt

Klar, von Vorurteilen lassen wir uns nicht leiten. Wir doch nicht. Da stehen Sie und ich ja drüber. Wer gibt schon gerne zu, Vorurteile zu haben? Unsere Einschätzungen sind wohl eher Urteile, die auf ausgewogener Analyse und der überdurchschnittlichen Erkenntnis und Erfahrung unseres Intellekts basieren. Tja, wenn wir uns da mal nicht täuschen.

Ich wundere mich ziemlich oft, dass so erstaunlich wenige Leute es gewohnt sind, ihre eigene Urteilsfähigkeit ernsthaft zu bezweifeln und hinterfragen zu wollen. Im Gegenteil – es ließe sich sogar behaupten, dass ein nicht unerheblicher Teil der Menschen sich selbst in der Lage sieht, auch bei dürren Fakten und offensichtlichem Informationsdefizit die Fähigkeit zu besitzen, eine umfassend klare und ebenso messerscharfe Erklärung und Meinung zu liefern. Egal ob Nahost-Krise, Kindererziehung oder die Aufstellung der Fußball-Nationalelf – wir kennen diese selbsternannten Spezialistinnen und Spezialisten, die auch bei komplexen Fragen recht schnell ihre Argumente zur Hand haben und diese dann selbstbewusst vortragen.

Um meine These von den selbstbewussten Welterklärer:innen zu untermauern, lade ich Sie ein, einen kurzen Blick auf die Kommentarspalten unter Online-Nachrichten sowie auf die Social-Media-Kanäle zu richten. Kleine Warnung vorab: Wie Sie wahrscheinlich wissen, ist das Studium jener Kommentare nur wohldosiert zu empfehlen. Denn wer zu viel davon aufnimmt und sich den geballten Stuss zu Gemüte führt, der verliert womöglich den Glauben an die Zurechnungsfähigkeit seiner Mitmenschen.

Egal, wie schwierig das Thema sein mag – in den besagten Kommentarspalten dürfen alle Nutzer:innen ihren Senf hinzugeben. Viele äußern sich auch dann, wenn sie beispielsweise einen Zeitungsartikel, auf den sich ihr Statement bezieht, gar nicht oder allenfalls in Fragmenten gelesen haben. Das Phänomen ist nicht unbedingt neu, aber es tritt über die neuen Medien geballt auf. Vor Jahrzehnten habe ich erlebt, wie sich die Schreiberin eines klassischen Leserbriefs in einer Redaktion meldete und darin voller Entrüstung die Redakteur:innen beschimpfte. Als Grund nannte sie eine vermeintlich unverschämte Überschrift, die sie über einem Artikel entdeckt hatte. Auf telefonische Nachfrage des Redakteurs musste sie dann zugeben, den dazugehörigen Artikel nicht gelesen zu haben. Dies wäre allerdings zu empfehlen gewesen, um den kompletten Kontext zu verstehen. Wer nur ein Häppchen konsumiert, braucht sich nicht zu wundern, wenn der Bauch noch grummelt. Sie zog ihren Leserbrief zurück, entschuldigte sich für die Beschimpfung und der Streit war vom Tisch.

Die Kommentarspalten der Social-Media-Plattformen folgen hingegen einer anderen Logik. Ein schnell und blindlings verbreiteter Hasskommentar ruft viele weitere hervor. Wie viel schöner wäre es, stattdessen vernünftig miteinander zu reden und sich die Mühe zu machen, die Faktenlage jenseits der Überschrift vollumfänglich zu erfassen?

Die Welt dreht sich rasant. Oft ist es so, dass wir Entscheidungen treffen müssen, ohne in jedem Einzelfall komplett und umfänglich die komplexen Zusammenhänge erörtern und begreifen zu können. Ein Vorurteil hilft vermutlich dabei, rasch aus den zur Verfügung stehenden Alternativen auszuwählen. Dennoch ist es zu empfehlen, erst durchzuatmen und sich dann um Aufklärung und Wissensaneignung zu bemühen. Das ist mitunter unbequem. Aber vor allem in solchen Fällen, in denen wir uns zu einem Kommentar oder einer Gesamtverurteilung hinreißen lassen, sollten wir uns im Klaren darüber sein, ob wir den Inhalt in seiner Tragweite wirklich verstanden haben. Das trifft auf alle Lebensbereiche zu und ist somit auch in der Arbeitswelt ein probates Mittel. Bei unserer Problematik der blöden Bosse könnte eine differenzierte Urteilskraft womöglich sogar manche Fehleinschätzung aus dem Weg räumen. Und an dieser Stelle kommt der US-Amerikaner Thorndike ins Spiel.

Edward L. Thorndike war Psychologe und hat 1920 eine Entdeckung gemacht, die uns heute noch einen interessanten Blick auf unsere Urteilskraft bietet. Demnach haben wir nämlich durchaus unsere Schwierigkeiten damit, Sachverhalte allumfassend zu begreifen. Insbesondere hapert es daran, Menschen gut einzuschätzen. Thorndike hat herausgefunden, dass wir dazu neigen, von einer negativen Eigenschaft auf weitere schlechte Seiten zu schließen. Das ist der Horn-Effekt. Namensgebend sind die Teufelshörner, die wir den Betroffenen aufsetzen.

Der Chef in Trachtenkleidung. Entdecken wir bei unserem Gegenüber etwas aus unserer Sicht tendenziell Negatives, dann kategorisieren wir diesen Menschen auch als Gesamterscheinung negativer. In diese Falle bin ich mit Sicherheit schon mehrmals getappt. Einer meiner ersten Chefs hat sich beispielsweise gerne in Trachtenkleidung gezeigt. Komische Hüte, Jacken mit dicken Knöpfen und karierte Hemden. Es brauchte nicht viel und der Mensch war für mich abgestempelt als verbohrter Traditionalist, intolerant und voreingenommen, der sich prinzipiell gegen Neuerungen stellte. Dann machte der Chef eine komische Äußerung hier, zeigte einen schiefen Blick da. Die Voreingenommenheit schaukelte sich hoch, der Eindruck verfestigte sich und ich konnte nicht mehr anders, als den Chef durch diese Brille zu sehen. Unter seinem Trachtenhut waren für mich die Teufelshörner quasi zur Realität geworden. Dass der Chef in vielen Punkte sogar recht fortschrittlich gedacht hat, das kam bei mir in meiner Wahrnehmung gar nicht mehr an.

Als das Gegenteil des Horn-Effekts ist in der Psychologie der Halo-Effekt bekannt. *Halo* steht im Englischen für den Heiligenschein. In diesem umgekehrten Fall halten wir Menschen für Heilige, wenn wir bei ihnen zuerst eine herausragende positive Eigenschaft wahrnehmen.

Wir glauben beispielsweise, dass es einen Zusammenhang gibt zwischen gutem Aussehen und Kompetenz. Unbewusst handeln wir danach. Lehrkräfte geben Schülerinnen und Schülern, die attraktiver erscheinen, bessere Noten. Gutaussehende Führungskräfte erhalten höher dotierte Jobs. Wer eloquent und selbstsicher auftritt, wird als kompetenter, schlauer oder belesener erachtet.

Im Arbeitsalltag spielt in großem Maße die Bekleidung eine Rolle. Das alte Sprichwort scheint zu stimmen: Kleider machen Leute. Von Bankangestellten erwarten wir, dass sie uns in schickem Outfit entgegentreten. Medizinisches Personal wird seinem Klischee gerecht, wenn es weiße Kittel trägt. Pilotinnen und Piloten tragen selbstverständlich ihre Uniform – oder würden Sie sich gerne von jemandem in Strickpulli, Jogginghose und Turnschuhen durch die Luft befördern lassen? Zwar ist in vielen Branchen der Dresscode heutzutage schon viel weniger streng als früher. Es kann in modernen Büros mitunter für Irritation sorgen, wenn ein Angestellter ausnahmsweise mit Krawatte erscheint. Einst ging kein gepflegter Herr ohne seinen Schlips aus dem Haus. So oder so spielt die Kleidung bei der Wahrnehmung unseres Gegenübers trotzdem noch eine wichtige Rolle.

Wer ungepflegt auf uns wirkt, kann bewusst oder unbewusst mit einer Reihe negativer Attribute in Verbindung gebracht werden. Niemals würden wir zugeben, dass wir einen Bewerber, der mit schmutzigen und ausgelatschten Schuhen zum Vorstellungsgespräch erscheint, generell für unorganisiert und nicht vertrauenswürdig halten. Oder dass wir die Bewerberin mit Brille und hochgesteckter

Frisur generell als intelligent erachten. Trotzdem lösen Dinge wie schmutzige Schuhe oder Brillen in unserem Kopf etwas aus. Ob wir wollen oder nicht – wir lassen uns von unserer Wahrnehmung schon mal in die Irre führen. Das kann Menschen im schlechtesten Fall dazu bringen, dass sie andere aufgrund von Äußerlichkeiten oder wegen ihres Alters, Geschlechts, der Hautfarbe oder anderer körperlicher Merkmale diskriminieren.

Die Schnuller-Kette. Zum Thema Äußerlichkeiten und Irreführung will ich Ihnen noch kurz eine Geschichte über eine Kommunikationswissenschaftlerin aus meiner Studienzeit erzählen. In einem Seminar hat sie im Gehirn der Teilnehmenden durch eine ganz plakative Aktion eine kognitive Dissonanz ausgelöst. Sie trug dazu an einer auffällig bunten Kette einen überdimensionalen Schnuller um den Hals. Alle Teilnehmenden starrten auf das merkwürdige Objekt, sahen sich fragend an und zuckten mit den Schultern. Die Seminarleiterin ließ sich nicht beirren und tat so, als sei nichts dabei. Niemand wagte es, sie darauf anzusprechen, um zu erfahren, was es mit dem komischen Schnuller auf sich hat. Die Frage stand unausgesprochen im Raum. Der Schnuller und die Wissenschaftlerin – wie passte das zusammen? Irgendwann zeigte sie Erbarmen und klärte die Studierenden auf. „Es verwirrt mein Gegenüber", sagte sie. „Wenn ich jemanden aus der Reserve locken will, dann ziehe ich die Schnuller-Nummer ab." Es sei erstaunlich, wie oft es gelingt. Ihre Gesprächspartner:innen reagieren ein bisschen verwirrt und kommen hier und da aus dem Konzept. Denn wer damit beschäftigt ist, Denkkapazität für die Schnuller-Frage zu opfern, ist weniger aufmerksam bei der Wahl seiner Worte und gibt in der Kommunikation womöglich Sachen preis, die er eigentlich für sich behalten wollte.

Im Alltag werden wir vermutlich versuchen, uns weniger paradox zu kleiden oder zu verhalten, um in das gängige Bild zu passen. Damit machen wir es den Mitmenschen leichter, uns für das zu halten, was die anderen glauben sollen, was wir sind. Wir reduzieren die Verwirrung. Uns ist also prinzipiell klar, wie wir es vermeiden können, dass andere aus unserem veränderbaren äußeren Erscheinungsbild die falschen Schlussfolgerungen ziehen. In feierliche Abendgarderobe gehüllt, ziehe ich in der Oper weniger irritierte Blicke auf mich als mit demselben Outfit in der Fan-Kurve eines Fußballstadions. Es hängt eben auch von Umgebung und Situation ab, welche Wirkung ich mit meiner Erscheinung erziele.

Wir haben es ein Stück weit selbst in der Hand, bei den anderen die Verwirrung in Grenzen zu halten. Aber wie gelingt es nun, dass wir uns beim Einschätzen anderer Menschen nicht in die Irre führen lassen? Wie schützen wir uns vor dem Horn- und dem Halo-Effekt? Wir verteufeln den einen Menschen recht schnell; gleichzeitig heben wir andere in den Himmel. Dabei ist niemand nur böse beziehungsweise nur gut. Jedes Individuum erscheint ausgesprochen vielfältig. Wir werden unseren Mitmenschen sicher nicht gerecht, wenn wir sie jeweils für eindimensionale Abziehbilder halten. Bosse und Kolleg:innen sind nicht wie die Figuren, die uns in seichten Romanen, klischeehaften

Spielfilmen oder stellenweise sogar in diesem Buch präsentiert werden. Wenn wir bewusst darauf achten, uns nicht durch Oberflächlichkeiten in unserem Urteil leiten zu lassen, dann ist vielleicht schon viel gewonnen.

Die Teufelin in der Chatgruppe. Meine Nachbarin Dunja aus dem Kapitel „Die Zuckerguss-Verschleierung" (3.3) hat Erfahrungen mit dem Horn-Effekt gemacht. Nicht nur Dunja, sondern die ganze Abteilung leidet weiterhin unter der Chefin. Besonders in Stresssituationen neigt die Leiterin zu unflätiger Ausdrucksweise und darüber hinaus zu einem äußerst nervigen Kontrollzwang, der die Mitarbeitenden regelmäßig auf eine harte Probe stellt. Zwei Kolleginnen haben sich mit der Chefin ziemlich schnell überworfen. Sie gründeten daraufhin eine Art Selbsthilfegruppe und fanden zwei weitere Mitarbeitende für einen Messenger-Gruppenchat. Dunja war zuerst auch dabei, aber sie hat sich dann ausgeklinkt, weil es ihr einfach zu krass geworden ist, wie sie sagt. Die Teilnehmenden haben nämlich unablässig jede kleine Verfehlung der Chefin in ihrer Chatgruppe diskutiert. Dabei war die Chefin stets die Teufelin. Es wurden ihr nicht nur getreu dem Horn-Effekt die Hörner aufgesetzt, sondern die gesamte Fürstin-der-Finsternis-Maskerade angedichtet – samt Pferdefuß, Krallen, Schwanz und Mistgabel. Die verkappte Selbsthilfegruppe speicherte die Chefin als die Verkörperung des reinen Bösen in ihrer kollektiven Vorstellung ab. Ein verbessertes Update war in dem Programm nicht vorgesehen. Der Chat wurde immer nur mit neuen Untaten angefüllt, bis er tatsächlich zum Dossier des Schreckens wurde.

Dass es neben all den Schandtaten durchaus auch Grund für manch positiven Eintrag über die Chefin gegeben hätte, darauf war die Chatgruppe nicht eingestellt. Von der ursprünglichen Teufelinnen-Vorstellung kamen die Mitarbeitenden nicht mehr los. Selbst als die Abteilungsleiterin in manchen Punkten eine respektable Wandlung hingelegt hat, hielten zwei Kolleginnen an ihrem alten Muster fest. Den beiden blieb am Ende nichts anders übrig, als den Arbeitsplatz zu wechseln. Es spricht einiges dafür, dass ihr Weggang nicht nur dem Umstand einer nervigen Chefin geschuldet war. Vermutlich hat auch der tückische Horn-Effekt seinen Teil dazu beigetragen.

Allein die Tatsache, dass wir von psychologischen Phänomenen wie dem Horn-Effekt wissen, kann uns dazu bringen, mögliche Vorurteile über andere Menschen kritisch zu hinterfragen. Ich finde, das sollten wir unbedingt tun.

Mir hilft es tatsächlich, meine Annahmen über eine Person hin und wieder mit Hilfe eines Faktenchecks zu prüfen und zu aktualisieren. Ich gehe davon aus, dass jeder Mensch zu einer Veränderung des eigenen Verhaltens fähig ist und sich weiterentwickeln kann. Ich will nicht vom Boss vorschnell in eine Schublade gesteckt werden, aus der ich nie wieder herauskomme. Deshalb sollte ich meiner Chefin und meinem Chef ebenfalls die Chance geben, sich zu verändern und weiterzuentwickeln.

Im Idealfall ist der Gesamteindruck vom Boss, den ich mir in meinem Kopf mache, niemals starr, sondern immer wandelbar.

7.4 Oder wir machen es einfach so wie Lincoln

„Willst du den Charakter eines Menschen erkennen, so gib ihm Macht."

Das Zitat wird Abraham Lincoln zugeschrieben. Als 16. Präsident der Vereinigten Staaten von Amerika hatte er ohne Zweifel Macht. Wie es mit seinem Charakter bestellt war, darüber informiert das *Lincoln Heritage Museum* in der Stadt Lincoln im US-Bundesstaat Illinois die Besucher. Demnach sei Lincoln gar nicht mal so perfekt gewesen. Der Unterschied zu seinen Zeitgenossen war wohl, dass Lincoln aus seinen Fehlern gelernt hat. Abraham Lincoln glaubte daran, dass alle Menschen gleichbehandelt werden sollten. Ihm werden Eigenschaften wie Ehrlichkeit, Demut, Mut und Gerechtigkeit nachgesagt.

Es könnte schon sein, dass sich mit dem entsprechenden zeitlichen Abstand die Sicht verändert hat und der Mensch Lincoln heute verklärt wahrgenommen wird. Nun gut, er führte im amerikanischen Bürgerkrieg die Nordstaaten zum Sieg und er befreite die Sklaven. Bis heute gilt er als einer der bekanntesten und beliebtesten Präsidenten. 1865 fiel Lincoln einem Attentat zum Opfer. Bei einer Theateraufführung wurde er erschossen. Der Dichter Walt Whitman widmete sein Gedicht „O Captain! My Captain!" dem verstorbenen Kapitän, der das Schiff nach gewonnener Schlacht in den sicheren Hafen geführt hat. Die Verehrung Lincolns als Vorbild nahm seitdem seinen Gang.

Das *Abraham Lincoln Center for Character Development* lehrt Menschen die Charaktereigenschaften des großen Vorbilds. Dazu gehört Ehrlichkeit im Sinne eines fairen Umgangs mit Menschen. Lincoln zeigte Empathie und versuchte, die Gefühle anderer zu verstehen. Seine Demut bedeutete, das Wohl der Gemeinschaft höher zu hängen als die eigenen Bedürfnisse. Weiterhin sind Höflichkeit und gegenseitiger Respekt genannt. Eine Beharrlichkeit und Entschlussfreude werden Lincoln ebenso attestiert. Selbstredend hatte er Mut, gegen Widerstände und Ängste das Richtige zu tun. Der nötige Intellekt habe ihn fähig gemacht, immer neu zu lernen, teilt das *Abraham Lincoln Center* mit. Natürlich hatte der große Präsident auch eine Vision mit festen Prinzipien und Ideen für die Zukunft. Er zeigte Verantwortung, weil er bereit war, hart zu arbeiten und sich bürgerschaftlich zu engagieren. Und nicht zuletzt war es seine Führungsstärke, *Leadership* genannt, mit der Abraham Lincoln in seinem Amt die anderen gerecht und fair geführt hat.

Nach dem Tod hat eine nahezu biblische Verehrung seiner Person begonnen. Abraham Lincoln muss so etwas wie der Godfather der Führungskräfte gewesen sein. Niemand kann ihm, dem Paten und Wegbereiter der modernen demokratischen Machthaber, das Wasser reichen. Er steht auf einem hohen und schier unerreichbaren Sockel. Eigentlich sitzt er, besser gesagt thront er dort. Mit durchdringendem Blick. Seine Arme ruhen auf den irgendwie zu hoch geratenen Armlehnen.

Das *Lincoln Memorial* in der US-Hauptstadt Washington ist ein tempelartiges Denkmal, in dessen Mitte der 16. Präsidenten als Sitzriese den Besuchern Respekt einflößt. Die aus weißem Marmor gehauene Statue hat eine Höhe von 5,80 Metern.

Wie war das noch mit der Macht und dem Charakter? Willst du seinen Charakter erkennen, so gib ihm Macht. Eine größere Machtfülle als die dem Präsidenten übertragene ist kaum vorstellbar. Wie es scheint, wuchs Lincoln im Amt charakterlich über sich hinaus. Die besten und edelsten Eigenschaften hat er entwickelt und fortan an den Tag gelegt. Ob das eine Blaupause sein kann für heutige Führungskräfte in Politik, Wirtschaft und Verwaltung?

„Ein Haus, das in sich uneins ist, kann nicht bestehen."

So lautet eines der bedeutendsten Zitate von Abraham Lincoln. Er hat es in seiner berühmten House-divided-Rede verwendet, in der er zur Einigkeit aufrief.

Lincoln war als Präsident auch Oberbefehlshaber über die Seestreitkräfte. Da drängen sich unwillkürlich die entsprechenden Analogien auf. Ob Kapitänin oder Steuermann, Schiffskoch oder Kombüsenhilfe, Maat, Maschinistin oder Leichtmatrose – so ein Schiff braucht ja irgendwie jeden. Heißt es nicht immer, dass wir alle in einem Boot sitzen? Auf die Gefahr hin, das Bild aus der Nautik überzustrapazieren: Niemand wünscht sich Meuterei oder die Pest an Bord. Wir navigieren uns durch raue See und setzen sicheren Kurs auf unser Ziel hinter dem verheißungsvollen

Horizont bis zum nächsten sicheren Hafen. Eine Garantie gibt es nicht. Vielleicht wird jemand seekrank. Was aber auf jeden Fall helfen wird, das sind die Eigenschaften, wie sie Abraham Lincoln besessen haben soll. Nicht nur den Führungsoffizieren kommt es gelegen, wenn sie auf unserem wilden Wasserfahrzeug dem Vorbild nacheifern. Charakterliche Stärke bringt der ganzen Crew einen Vorteil. Nur wenn das Team zusammen funktioniert und sich gegenseitig unterstützt, dann steuert es gezielt voran. Es hilft nicht, einen Lincoln im Kommandostand zu wissen. Jeder könnte doch auf seiner Position zu einem kleinen Lincoln werden.

Anführer:innen werden gemacht, nicht geboren. So lautet ein Merkspruch, der besonders in Amerika recht beliebt zu sein scheint. Es sind gewiss die Umstände, die einen Menschen über sich hinauswachsen lassen. Nicht nur die äußeren, sondern besonders die inneren. Niemand ist dazu geboren, in seiner Position zu verharren. Egal, an welcher Stelle wir uns im Arbeitsleben gerade befinden. Durch innere Klarheit und eigene Stärke können und sollten wir genau das tun, was der alten Lincoln-Statue in ihrem Washingtoner Tempel verwehrt bleibt: aufstehen!

8. Zu guter Letzt

Die Gesellschaft ist im Wandel. Transformationsprozesse setzen an allen Ecken und Enden ein und rütteln an althergebrachten Fundamenten unseres Miteinanders.

Es liegt nicht zwangsläufig oder ausschließlich an der charakterlichen Schwäche, die die Führungskraft zu einem blöden Boss werden lässt. Das System kann toxisch sein. Die Organisation zwingt die Menschen dazu, in der jeweiligen Position so zu handeln, wie es die Rolle eben vorsieht. Wer nicht hineinpasst, der muss sich verbiegen und das böse Spiel mitspielen oder gehen.

Dennoch gibt es Hoffnung. Änderungen geschehen nicht nur von oben nach unten. Um gehört zu werden, müssen die Mitarbeitenden die Punkte selbst ansprechen und ihre Mitsprache bei den Bossen einfordern.

Junge Arbeitnehmende stellen die Strukturen der Berufswelt und das althergebrachte Gefüge infrage. Viele haben vielleicht gar keine Lust darauf, sich nach dem Vorbild ihrer Eltern oder Großeltern auf dem Arbeitsplatz in eine Hierarchie einzuordnen, die nach fragwürdigen undemokratischen Prinzipien funktioniert. Die Generation Y, auch Millennials genannt, ist von den frühen 80er-Jahren bis in die späten 90er-Jahre geboren. Wie die Shell-Jugendstudie und andere Befragungen herausgefunden haben, gehen die Millennials häufig mit Freude und Selbstbewusstsein ins Berufsleben. Sie wollen dort auch mitgestalten und ihre kreativen Ideen umsetzen. Unabhängigkeit und Individualität ist ihnen im Beruf wichtig. Karriere bedeutet nicht unbedingt, eine Beförderung nach der anderen zu schaffen.

Besonders hoch bewertet wird von jüngeren Menschen die Vereinbarkeit des Jobs mit Familie, Freundschaften und den Freizeitinteressen.

Nach Sinn und Selbstwirksamkeit streben und dabei Wertschätzung und Anerkennung erhalten – das sollte im Beruf die Regel sein und zur Selbstverständlichkeit werden.

Arbeiten wir an der Arbeitswelt der Zukunft! Ich wünsche mir, dass die Autovervollständigung bei Google bald Folgendes vorschlägt, wenn ich im Suchfenster „Chefs sind" eingebe:

„Chefs sind verständnisvoll",
„Chefs sind Teamplayer",
„Chefs sind eigentlich doch ganz nett".

Literatur- und Medienverzeichnis

Becker, Heinz und Jäger, Klaus: *Teams müssen sich zusammenraufen*. In: *Harvard Businessmanager*. Hamburg, 4, 1994, S. 9.

Borgeest, Gunda: *Ordnung nebenbei: Aussortieren, aufräumen, aufatmen*. Berlin, 2019.

Huber, Andreas und Fuchs, Helmut: *Bossing. Wenn der Chef mobbt. Strategien gegen den Psychokrieg*. Stuttgart, 2009.

Hüther, Gerald und Müller, Sven Ole und Bauer, Nicole: *Dream-Team. Warum wir nur gemeinsam unser Potential entfalten und unsere Zukunft gestalten können*. München, 2021.

Hüther, Gerald: *Menschen sich selbst ändern lassen – GedankenGut Podcast Special*, Folge 042, www.youtube.com, 2020.

Kohlmann-Scheerer, Dagmar: *Gestern Kollege – heute Vorgesetzter: So schaffen Sie den Rollentausch*. Offenbach, 2004.

Kolodej, Christa: *Psychologische Selbsthilfe bei Mobbing. Zuversicht, Vertrauen, Veränderung*. Wiesbaden, 2018.

Krause, Andreas: *Interessierte Selbstgefährdung*. In: *Vigo Management. Das Forum für Führungskräfte*. 3, 2011, S. 2-5.

Lewin, Kurt und Lippitt, Ronald und White, Ralph K.: *Patterns of aggressive behavior in experimentally created social climates*. In: *Journal of Social Psychology*. 10, 1939, S. 271–301.

Luhmann, Niklas: *Organisation und Entscheidung*. Wiesbaden, 2000.

Pastoors, Sven und Becker, Joachim H.: *Praxishandbuch wertorientierte Führung. Kompetenzen erfolgreicher Führungskräfte im 21. Jahrhundert.* Berlin, Heidelberg, 2019.

Purps-Pardigol, Sebastian: *Leben mit Hirn: Wie Sie Ihre Potenziale entfalten, egal was um Sie herum geschieht.* Frankfurt, New York, 2021.

Regnet, Erika: *Konflikt und Kooperation. Konflikthandhabung in Führungs- und Teamsituationen.* Göttingen, 2007.

Schein, Edgar H.: *Organisationspsychologie.* Wiesbaden, 1980.

Schulz von Thun, Friedemann: *Miteinander reden 1. Störungen und Klärungen.* 58. Auflage, Reinbek, 1981.

Schulz von Thun, Friedemann: *Miteinander reden 3. Das „Innere Team" und situationsgerechte Kommunikation.* 29. Auflage, Reinbek, 1998.

Sichermann, Stefan: *Human Identity Brand Synergist weiß selbst nicht, was er in seinem Job überhaupt macht.* der-postillon.com. 2021, 18. Februar. Abgerufen am 7. Februar 2022, von https://www.der-postillon.com/2021/02/human-identity-brand-synergist.html

Sommer, Anke: *Schlachtfeld Arbeitsplatz. Das Praxishandbuch für Konfliktmanagement im Unternehmen.* München, 2019.

Weber, Max: *Wirtschaft und Gesellschaft – Grundriss der verstehenden Soziologie. Max Weber/Besorgt von Johannes Winckelmann.* 5. Auflage, Tübingen, 1980.